北関東「移民」アンダーグラウンド

UNDERGROUND Bộ Đội

ベトナム人不法滞在者たちの青春と犯罪

安田峰俊
Yasuda Minetoshi

文藝春秋

北関東「移民」アンダーグラウンド

ベトナム人不法滞在者たちの青春と犯罪

はじめに

「これ、血痕かなあ。細かい飛び散りかたが血痕っぽいよね」

カメラマンの郡山総一郎《こおりやまそういちろう》が、足元の染みを見てそう言った。

「わりと新しそうですよね。でも、本当に血かなあ……」

チー君が答える。彼は日本育ちの二四歳のベトナム人で、二〇二〇年の秋から私の取材通訳をおこなってくれていた。

「こっちにも同じ染みがあるよ。やっぱ、血でしょう。これは」

淡々と応じる私も、すでに慣れている。半年前に和歌山県内で同じような事件を取材したときには、床一面がドス黒い血の海で覆われたアパートの台所を目の当たりにした。あの事件では犠牲者がいたが、今回は誰も死んでいない。それだけでも気は楽だ。

問題の血痕は、一階の角部屋から外の駐車場にかけて、外廊下のコンクリート上に点々と落ちていた。ドアから一メートルほど離れた場所には、郡山が見つけた血溜まり。そのそばにある、なぜか屋外に放置されたソファの背にも血しぶきが飛んでいた。

惨劇は私たちの取材の三日前に起きた。当時の報道を引用しておこう。

18日未明、茨城県龍ケ崎市で、ベトナム人の男女4人が知り合いの男に刃物で刺されるなどして病院に搬送されました。搬送時、いずれも意識はあったということで、警察が逃げた男の行方を捜査しています。

18日午前1時すぎ、龍ケ崎市出し山町にあるアパートの1室で、「けんかをして、血が出ている」と外国人とみられる女性から通報がありました。

警察が駆けつけたところ、ベトナム人の28歳から31歳の男性3人と女性1人が、腹や胸などを刃物で刺されてけがをしていて、4人は病院に運ばれましたが、その際、いずれも意識はあったということです。

刺したとみられるのは、4人と知り合いのベトナム人の男で、年齢が30歳くらい、身長は1メートル70センチ程度で、やせ型だということです。男は現場から逃走していて、警察が殺人未遂の疑いで行方を捜査しています。

現場は、竜ケ崎警察署から北に500メートルほど離れた住宅が立ち並ぶ地域で、近くには小学校や大学があります。

（『NHK NEWS WEB』二〇二一年十二月十八日「ベトナム人4人刺される 知人の男が逃走 茨城 龍ケ崎」https://www3.nhk.or.jp/news/html/20211218/k10013393641000.html）

容疑者は三〇歳のベトナム人男性、ファン・ヴァン・クィンである。いったんは現場から逃走したものの、同日夜になぜか神奈川県相模原市の交番に出頭し、翌十九日朝に逮捕された。

後日、所轄署に確認したところ、彼らには金銭がらみのトラブルがあったという。支払いを迫られたクィンが「逆切れ」気味に刃物を持ち出して仲間を刺した。この手の事件ではよくあるパターンだ。

クィンが居住していたのは事件現場となった一〇五号室である。賃貸情報サイトを確認すると、アパートは築三三年（当時）の木造二階建てだ。部屋は一〇部屋あり、家賃は月一・五万円である。

クィンは逃亡した技能実習生で、被害者たちのすくなくとも一部も同様だった。北関東の地方都市には、こうした人たちが流れ込んでこっそり集団生活を送る住居が数多く存在している。

五年前から外国人が増えた

部屋の換気扇は回りっぱなしだった。メーターを確認すると、ガスもまだ生きている。

「わ！　ゴキブリが大量に!!」

チー君が叫んだ。放置されていた生ゴミの山から湧き出ていたのだ。

さらにアパートを取り巻くように散らばっている、大量の空のペットボトルや発泡酒の缶。そして壊れた洗濯機やラジカセ、釣り竿、ビニール傘、ソファなどの粗大ゴミ——。

よく観察すると、二〇二一年十一月の電気使用量一万一三一七円を通知する東京電力のハガキや、同じ県内の土浦市に本社を置く派遣会社からの一万八四〇〇円の給与振り込み通知書も見つかった。派遣会社の社長は南米系らしく、日本風の漢字姓とラテン風のカタカナ名が書いてある。

郵便物に記された住所はいずれも一〇五号室だったが、宛名は別々のベトナム人名で、犯人のクィンとも異なる名前だった。複数人が同居していたのだろうか。

もっとも、ベトナム人の逃亡技能実習生を取材していると、こうした事例は多い。物件の賃貸契約

Soichiro Koriyama

茨城県龍ケ崎市の傷害事件の現場となった、外国人が多く住むアパート。ベトナム人のほかにスリランカ人の居住も確認。また詳細は不明だが、ハラルフード（イスラム教徒が食べられる食事・食材）の卸売り業者が、いずれかの部屋に事務所を構えている模様。

者、電気やガスの契約者、実際に室内で暮らしている住民の姓名がそれぞれ異なり、目の前に本人がいる場合以外は、どこの誰なのかまったくわからない。

最初の契約者はすでに帰国し、その後は無断で又貸しが続けられているパターンが多いためだ。

「昭和の終わりくらいに火事があって、その跡地にこのアパートが建ったんです。最初は近くの流通経済大の学生さんが多く入居していたんですが、建物が古くなるといなくなりました。かわりに五年くらい前から、外国の人が入れ代わり立ち代わり、たくさん住むようになって」

向かいの家の庭で孫の面倒を見ていた六〇代くらいの女性に話しかけてみると、こんな返事がきた。

また、現場の近くに住む三〇代の主婦はこう言う。

「朝になるとよく、近くに派遣会社のマイクロバスが停まっていましたね。私の友達の子どもが挨拶したら、外国人の若い人たちがニコニコして『コンニチハ』って返事してくれたって。まさか、あんな事件があるとは思わなかったっていうんです」

外国人労働者がらみの事件は、関係者と地域住民との接点がほとんどないケースが多い。

今回は挨拶を交わしていただけでも、かなりましである。もっとも、それ以上の交流はなかった。

そもそも、同じアパートに居住している彼らの同胞にしても、事件については無関心だ。各部屋のインターホンを押して順番に住民を訪ねてみると、一〇一号室からパジャマ姿のベトナム人男性が顔を出した。

「え、この建物で刃傷沙汰があったのか？　よく知らないんだけど……」

チー君の通訳を介してそう語った彼は、二五歳の労働者だった。同居人の別のベトナム人とともに、私たちが取材をおこなった前日（二〇二一年十二月二十日）に龍ケ崎に来たばかりだという。なので、三日前に起きた惨劇は「知らない」のだ。

これも在日ベトナム人の取材ではよくあるパターンだった。

必ずしも故意に隠し事をしているわけではなく、自分たちが現在いる場所で過去に何が起きたかや、同僚や隣人の素性をあれこれと詮索しない習慣が染み付いている。住居や職業を流れ者的に移っている点から考えれば、おそらく彼や同居人も、技能実習先を逃亡してから短期労働を繰り返している元技能実習生だろうと思えた。

事件があった一〇五号室は、インターホンを押しても誰も出てこない。

惨劇を物語るものは、私たちの足元の赤黒い染みだけだ。

アパートの外廊下の血痕は、左右に大きく散らばりながら十数メートルにわたり続いていた。駐車場にも、ひときわ大きな染みが残っていた。

刺された人は、部屋から左右によたよたと歩いて逃げ、この駐車場で座り込んで救助を待ったのかもしれない――。

北関東「**移民**」アンダーグラウンド
ベトナム人不法滞在者たちの青春と犯罪

目次

★ブックデザイン　観野良太

序章

「兵士《ボドイ》」を自称する やんちゃなベトナム人

Minetoshi Yasuda

筆者はベトナム人がらみの事件が起きるたびに、通訳のチー君、カメラマンの郡山総一郎らとともに、彼らの住居やたまり場へと突撃を繰り返した。こちらは愛知県小牧市、ひき逃げ犯が住んでいた部屋で、他の住人たちと。

日本社会の矛盾の落とし子「ボドイ」

「はじめに」で紹介したような事件の主役は「ボドイ」(bộ đội)と呼ばれる若者たちだ。ボドイの多くは、職場からドロップアウトして不法滞在・不法就労状態にあるベトナム人の元技能実習生だ。さらに広義で言うなら、オーバーステイ化した元留学生など「やんちゃ」な背景を持つ在日ベトナム人たちの総称、くらいの理解をしてもいいかもしれない。

ボドイは、ベトナム語で「部隊」や「兵士」を意味する。言語も生活習慣も異なる日本で奮闘し、ときには警察や入管と戦う自分たちを兵士に見立てた呼称らしい。

ボドイたちを生んだ土壌は、日本のいびつな外国人労働政策だ。

日本では移民の受け入れについて世論の抵抗感が強く、近年まで外国人の非熟練労働者に関する法整備が進んでこなかった。だが、少子高齢化とデフレ経済のなかで、日本の労働現場は安価な労働力を大量に必要としている。

ゆえに、「実習」を名目にした技能実習生や「留学」をタテマエに就労する偽装留学生を、実質的な外国人労働者として雇用する行為が常態化してきた。

政府も、実質的にそれらを追認してきた。二〇一一年からの一〇年で、技能実習生数と「資格外活動」の労働者(多くは留学生)は、それぞれ三倍以上に増えている。二〇一九年に外国人の就労を認める在留資格「特定技能」が新設されたが、技能実習生を三年間勤め上げてから在留資格を転換する例が多いこともあり、現場の風景はその後もあまり変わらない。

ちなみに日本の外国人労働者の人数は、二〇二〇年からベトナム人が中国人を抑えて一位である。二〇二一年十月末現在、在日ベトナム人労働者数は前年比二・一％増の四五万三三四四人で、外国人労働者全体の約四分の一を占める。そのうち半数弱の二〇万二二一八人が技能実習生で、さらに留学生の就労者が一〇万九五八三人と続く。コロナ禍以降は留学生が減ったが、産業現場の労働力需要が根強いため、技能実習生の受け入れは継続された。

だが、技能実習生は職業選択の自由や移動の自由といった、基本的人権が実質的に制限されている。しかもベトナム人の大多数は出国前に多額の借金を背負っていることから、いわば「年季奉公」に近い状態に置かれている。ゆえに職場を逃亡する人も多く、コロナ禍以前の二〇一八～二〇一九年には毎年九〇〇〇人以上が姿を消していた。この数字のうち多くはベトナム人である。

逃げた技能実習生の多くは、生活が貧しく身分も不安定な流れ者と化する。

ゆえに窃盗や詐欺、暴力行為、無免許運転などの犯罪との親和性も高い。

また、野山で許可なく鳥獣を狩る（鳥獣保護管理法違反ほか）、獲物の肉を自宅で解体する（と畜場法違反ほか）、それを同胞に販売する（食品衛生法違反ほか）など、ベトナムでは当たり前であるはずの行動を、日本では触法行為になると知らずにおこなうケースも数多くある。

近年、訪日外国人（非定住外国人）犯罪の国籍別検挙数と、国籍別検挙人数の第一位は、いずれもベトナムである。いまだに日本人の間では、「外国人犯罪＝中国人犯罪」というイメージが強いはずだが、実際は日本社会における往年の中国人のポジションは、すでにベトナム人に交替して久しい。

北関東の大地に広がる地下茎

二〇二〇年春のコロナ禍以降、海外渡航の制限や航空券の高騰によって、帰国困難に陥る在日外国人が続出した。

結果、日本政府は緊急措置として「特定活動」という就労も可能な在留資格の認定を拡大。ゆえに、皮肉なことにコロナ禍のおかげで合法的な身分に変わったボドイも多いのだが、彼らの生活スタイルは、不法滞在・不法就労者だったときと変わっていない（本書では「特定活動」組の逃亡実習生も、広義のボドイに含めることにする）。

日本語も英語もほとんどできない彼らは、フェイスブック上で「ボドイ」を冠したコミュニティを作り、同胞のネットワークの内部で独自の経済活動と情報交換をおこなっている。

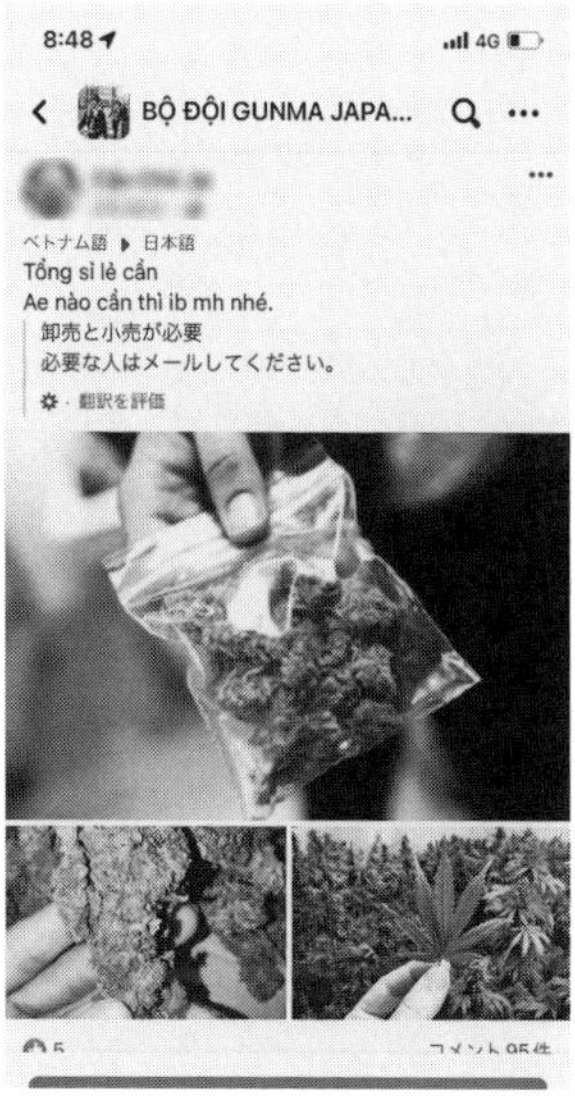
8:48
BỘ ĐỘI GUNMA JAPA...
ベトナム語 ▶ 日本語
Tổng sỉ lẻ cần
Ae nào cần thì ib mh nhé.
卸売と小売が必要
必要な人はメールしてください。
翻訳を評価

ボドイたちの主なコミュニケーション手段はフェイスブックだ。写真と投稿内容を見る限り、こちらは大麻の売買をおこなっているようだ。日本語を介さない取引は、警察の目が届きにくい。

そのなかには、入居審査が甘い賃貸物件や身元確認がゆるいアルバイトの紹介、身元のアシがつかない「飛ばし」の銀行口座や自動車、偽造の在留カードや車検シールなどの売買、盗んだ農作物や家畜の肉を含む安価な食材、麻薬や危険ドラッグ、非合法的に入手した緊急避妊薬や麻酔薬など各種の薬品の取引、日本円とベトナムドン（VND）の闇両替や現金を使った賭博の誘いなども含まれる。

寄る辺《べ》なき彼らは、しばしば本書の「はじめに」で紹介したような安アパートに、複数人で暮らしている。ベトナム人の技能実習生は日本全国にいるが、逃亡後には言葉が通じる同胞のツテを頼って、特定の地域に集住しがちだ。

ボドイが多く集まるのは、家賃や生活費が安くて警察や入管の監視が行き届きにくく、しかし農工業の求人は多い場所である。かといって閉鎖的すぎる田舎では姿が目立ってしまうので、ある程度は大都市と近くて隣人関係も希薄な土地でなくてはならない。

たとえば、フェイスブックの検索窓に「bộ đội」と打ち込むと、日本の地名を冠した以下のようなボドイ・コミュニティが表示される（二〇二二年十一月現在。コミュニティの参加者には帰国済みの人や逃亡していない技能実習生も含まれるが、それでも一定の参考になる）。

・BỘ ĐỘI GUNMA JAPAN 2018　（群馬、約四・九万人）
・Bộ Đội Saitama Gunma 2019　（埼玉・群馬、約二・八万人）
・Bộ Đội Gunma Chiba Saitama 2019　（群馬・千葉・埼玉、約二・四万人）
・Bộ Đội Gunma - Saitama　（群馬・埼玉、約一・二万人）
・BỘ ĐỘI GUNMA JAPAN 2021　（群馬、二・二万人）
・Bộ Đội KoBe Osaka　（神戸・大阪、一・二万人）
・Bộ đội nagoya 2022　（名古屋、八六一七人）
・Bộ Đội Japan Fukuoka　（福岡、五五六五人）

一見してわかるように、群馬県をはじめとした北関東の地名が目立つ。

事実、私がこれまでにおこなった在日ベトナム人や警察関係者への聞き取り、現地取材を通じた感覚などを総合して述べるなら、北関東エリアだけで万単位のボドイが暮らしていてもまったく驚かない。なかでも住民の外国人比率それ自体が高い群馬県の太田市や伊勢崎市の付近は、日常生活のほとんどの行動がほぼベトナム語のみで可能なエリアであり、ボドイの大集住地になっている。

日本の警察や行政・メディアがほとんど実態を把握できていない巨大な移民コミュニティが、広大な関東平野の北部一帯に、地下茎のように張り巡らされているのだ。

ベトナム人逃亡技能実習生の住居二〇軒突撃

これまで、私はそんなボドイたちの取材を続けてきた。

私は本来、中国問題を専門とするルポライターだ。しかし、在日中国人の技能実習生問題や外国人犯罪問題を追いかけるうちに、問題の主役がすでにベトナム人に入れ替わっていることに気づき、二〇一六年ごろから興味の対象を広げてきた。

ボドイの世界にいっそう深入りした契機は、二〇二〇年秋に北関東一帯を騒がせた家畜大量窃盗事件だ。

当時、私は通訳のチー君（「はじめに」参照）と一緒に、転売されたブタが浴室で丸ごと一頭解体された埼玉県本庄市のアパートや、群馬県警によって犯人グループのアジトと目されて家宅捜索を受けた同県太田市の貸家を訪問した。後者の貸家は、通称「群馬の兄貴」（Anh Cả Gunma）という不良ベトナム人のリーダー以下、ボドイの男女十数人が共同生活を送る古い木造住宅だ。私はそうした場所で、住民と酒食をともにして聞き込みをおこなった。

これらの取材の成果を反映した月刊『文藝春秋』や『文春オンライン』の記事は、当時かなり話題になった。また、二〇二一年三月に刊行した前著『「低度」外国人材 移民焼き畑国家、日本』（KADOKAWA）も、国内の大手新聞社・通信社のほぼ全社で書評が紹介されるなど、世間的に注目を集めた。

結果、私はそれ以降も在日ベトナム人がらみの事件が起きるたび、チー君らとともに彼らの住居やたまり場への訪問を繰り返すようになった。

群馬県伊勢崎市・太田市・大泉町、埼玉県本庄市、茨城県つくばみらい市・龍ケ崎市・土浦市・鉾《ほこ》田《た》市、東京都荒川区・新宿区、愛知県小牧市、岐阜県土岐市、大阪府八尾市と大阪市西成区・生野区、和歌山県田辺市、岡山県瀬戸内市——。

約二年のうち、私たちが訪ねたベトナム人スポットは、北関東を中心に日本全国の三〇ヶ所以上にのぼる。ボドイの隠れ家だけでも、二〇軒以上を特定して突撃したはずだ。

私はフリーのルポライターなので、テレビ局や新聞社の記者のように記者クラブ経由では警察の情報が入ってこない。そのため、ボドイの住居を特定するときは、所轄署に当たったり勾留中の容疑者に接見したり、裁判を傍聴したり、事件を報じるテレビの映像から手がかりをつかんだりした。

おおまかな住所がわかれば、あとは部屋を探す。とはいえ、やみくもに動く必要はない。

経験上、以下の複数の特徴が観察できた部屋は、ベトナム人労働者が集団生活を営んでいる可能性が高いからだ。

・玄関や換気扇付近の匂い → 長粒種のインディカ米の炊飯臭や、豚骨や豚皮を加熱調理した匂いがする。
・洗濯物の有無や種類 → ベトナム人労働者はなぜか夜間や雨の日でも洗濯物を屋外に干しっぱなしにしがちである。服はスウェットやジャージが多い。
・周囲に放置されたゴミ → ベトナム人名義の公共料金の督促状やベトナム語のインスタント麺・菓子の袋、ベトナム式水タバコの竹筒、大量の「金麦」やエナジードリンクの缶が見つかる（なぜかベトナム人労働者は「金麦」を好みがちである）。
・虫の有無 → 行政に住民票を届けずに居住していることで、ゴミの分別方法を伝えられていない。そのためかゴキブリの幼生が多く発生している。
・屋外のプランター → ベトナムの植物を栽培している場合がある。
・室内から漏れ聞こえる音声 → スマホを用いて大音量でベトナム語の動画を見ていたり、スピーカーモードで故郷とテレビ通話をおこなっていたりする。
・駐輪場や駐車場の車両 → 技能実習生の場合は駐輪場に自転車があふれている。いっぽう、ボドイの場合は各種の方法（第1章参照）で自動車を調達して乗り回しているため自転車はない。アパートの駐車場に「つくば」「とちぎ」あたりの不自然な県外ナンバーが貼られた一〇年落ちのアルファードが停まっていたりすれば、かなり気合いの入ったボドイが出入りしている可能性が高い。

居住を確認できれば、手土産の調達のためいったん撤退する。はじめて「群馬の兄貴」の家に押しかけたときは冷凍アヒルやライギョを買って持っていったが、やがてそこまでこだわらなくても、タバコやビール・焼き鳥・コメなどを大量に持参すれば喜ばれることが判明した。

一般的な日本人なら、事前にアポを取らずに訪ねてきた見知らぬ人間を自宅に上げる人は少ない。だが、ベトナム人はかなり気軽に迎え入れてくれる。特に相手が男性だった場合、「どうよ?」と缶ビールを目の前で掲げてみせて、誘いを断る人はほぼいない（事実、私たちの訪問直前にNHKの地方局のスタッフが「場を荒らしていた」というめずらしいケース一件を除いて、ベトナム人男性が住んでいる部屋で、家に上がることを断られた事例はひとつもない）。

どうやら彼らは、たとえ見ず知らずの人間でもいったんは受け入れて酒食をともにしてから、信頼に値するかを見極めるらしい。こちらとしては、訪問先で出されたものはできるだけ食べ、料理を褒めて冗談を言っていれば、徐々に話をしてもらえるようになる。

彼らがボドイになった経緯や、目を覆いたくなるような犯罪について、もちろん複雑な思いは抱いている。いっぽう、なんの変哲もない北関東の小都市の裏側に張り巡らされた移民たちの地下社会《アンダーグラウンド》の扉を開ける行為に、取材者として興奮を感じないと言えば嘘になる。

「かわいそう」以外の解釈は「ヘイト」にされる問題

「……いやあ。すごく面白いんですが、ベトナム人が問題を起こしているって話はヘ、イ、ト、になるので、扱いにくいんですよ」

いっぽう、こんな意見もある。

私はたまに、中国問題のコメントを中心にテレビに出演することがある。そこであるとき、関西地方の某局の関係者に「最近、在日ベトナム人を追いかけています」と伝えたところ、そんな話になったのだ。

ちなみに彼の担当番組は、普段から「中国人が北海道の土地を爆買いして日本が危ない」みたいな特集をよく組んでいる。コメンテーターには保守系の主張で知られる芸能人や有識者が並ぶ。対象が中国人であれば、たとえ合法的に土地を購入している商行為であっても「警戒の対象」として報道が成立する。

だが、ベトナム人の話になると、無免許運転で死亡ひき逃げ事件を起こしたり、宴会の席で同胞を刺殺したりと明らかな違法行為をおこなっていても、それらに詳しく言及することは「ヘイト」になる——。

別の月刊誌に企画を出したときも似た話が出たことがある。こうした二重基準のタブー意識を持つマスコミ関係者はそれなりに多くいるようだ。

もっとも、彼らの認識を責めるのは酷な部分もある。

近年の日本で、在日ベトナム人のニュースの大部分は、技能実習生がらみの話だからだ。つまり、きっちりスーツを着込んだＮＨＫや大手新聞社の生真面目な記者や、社会活動家や人権派の映画監督のような人たちが、義憤に堪えないという表情を浮かべて語るべき問題として、世間の理解が定着しているのである。

確かに、「現代の奴隷制」とすら称される技能実習制度が数多くの問題を抱えていることは、私もまったく異論がない。

しかも困ったことに、現代の日本社会はこの制度に深く依存し、あらゆる日本人が無自覚のうちにお世話になっている。

たとえば、制度の廃止を訴えるデモ隊が打ち上げで行くチェーン居酒屋の唐揚げが一皿二九八円なのも、問題を告発せんとする私たちジャーナリストが張り込み中にかき込むコンビニ弁当が五〇〇円なのも、技能実習生が製造に関わることで人件費が抑制されているためだ。地方の中小企業にも、この制度のおかげで倒産していない会社が山ほどある。

ここで制度をどうするべきかの議論は本書のテーマから外れるが、闇深きシステムにもかかわらず、簡単に廃止できない代物であることも確かだ。経済が衰退し賃金も上がらない日本で、それでも私たちが先進国水準の暮らしを維持できているのは、人権侵害を前提とした「現代の奴隷制」による恩恵がかなり大きい。

ゆえに技能実習制度は、現代の日本人にとって「原罪」に近い性質すら持っている。

もっともそのせいで、制度の鬼子《おにご》的な存在であるベトナム人実習生やボドイについては、彼らの悲惨な背景をことさら強調する「良心的」な立場以外での言及が難しくなっている。原罪が重すぎるがゆえに、思考を停止せざるを得ないのだ。

「良心的」解釈よりもハードな現実

だが、現実のベトナム人の問題は、「良心的」な理屈だけで説明できるほど単純ではない。

前著『「低度」外国人材』でも書いたが、たとえば約一〇〇万円の借金を背負うことと引き換えに来日して最低賃金で働く行為は、客観的に見ればまったく割に合わない。それなのに技能実習生になるのはどういう人が多いのか。

それは、情報を詳しく調べる習慣を持たなかったり、物事の後先を考えないで行きあたりばったりに行動したりする人たちだ。これは彼ら本人の責任だけではなく、ベトナム国内の教育問題や貧富の格差から、批判的な思考をおこなったり長期的に計画を立てたりする習慣を学べなかった人が多くいるという事情が関係している。とはいえ、現地の社会でも決して優秀とは呼べない人材が、技能実習生になりやすいという事実は指摘せざるを得ない。

技能実習制度がはらむ本当の残酷さは、単純な搾取や人権侵害ではない。

実習生の送り出し元の多くは、往年の中国や、現在のベトナムやミャンマーやカンボジアのような、現地の社会に人権意識が充分に確立していない、しかも庶民が権力を批判する自由が制限されている強権的な非民主主義国家だ。

これらの国の「優秀とは呼べない」人たちは、たとえ自分の人権が侵害されても自覚できなかったり、異議の申し立てを諦めていたりする。そういう土地から、そういう人を選んで連れてきて、日本でも母国と同様に制限された人権環境に置く。かくして低コストを実現させているのが技能実習制度の本質的な仕組みなのである（ニュースでよく見る、支援者と共同記者会見を開いて会社や監理団体を提訴しているような技能実習生は、全体のなかではかなりの特殊事例だ）。

いっぽう、そうした人たちが職場を逃亡し、自由の身になった場合はどうなるのか。

もちろん、真面目に働いて貯金と仕送りを続けるストイックな人もいるが、行きあたりばったりの行動の末に悪事に手を染める人も少なくない。彼らがそうなった背景には同情すべき点が大いにあるにせよ、ボドイがらみのトラブルの多発が、いまや深刻な社会問題になりつつあるのも確かだ。

この本は、日本の北関東の地下社会《アンダーグラウンド》に息づくボドイたちが起こした騒動と、彼らを取り巻く環境を、できるだけあるがままに描き出した記録である。

技能実習制度という原罪に縛られた「良心的」解釈とは異なるアプローチで、彼らと向き合ってみたい。日本国内に居住するベトナム人が急増している昨今、彼らの実態をもっと地に足のついた目線から描くことには、大きな意義があると思うのだ。

私はそう考えて取材と執筆を進めた。

第1章

無免許運転でひき逃げ死亡事故

本人のフェイスブックページにアップされていた
本章の主人公、ジエウの顔写真。

裁判中は黙り続け、終わってから泣く

「免許がないのに運転をしたのはなぜなんですか?」

「──Tại sao bạn không có giấy phép mà lái xe vậy?」

「……」

二〇二一年三月四日、水戸地方裁判所下妻支部の初公判。法廷では弁護士がおこなう被告人質問の声と、それをベトナム語に通訳する法廷通訳者の女性の無機質な声だけが響いていた。彼女は日本で長く暮らしている在日ベトナム人らしく、通訳のレベルは高い。

証言台では黒のジャージ姿の女がうつむいていた。髪を茶色く染めているが、逮捕から約二ヶ月半を経たことで根元が伸び、ガトーショコラアイスの断面のように頭の色がくっきり分かれている。

コロナ禍のなかで、白のサージカルマスクを着用した被告人の表情は見えづらい。もっとも、私はこの裁判以前に牛久警察署で拘置中の彼女と一五分ほど接見したことがあった。どんな性格の人物であるかは、ある程度はわかっている。

彼女──。ベトナム人のチャン・ティ・ホン・ジエウは、一九九〇年六月二日ベトナム生まれの当時三〇歳だ。元技能実習生で、前年末に茨城県内で無免許運転をおこない死亡ひき逃げ事件を起こしていた。

初公判の場所は田舎の地裁であり、傍聴人は多くない。新聞記者もあまり来ていないようだ。

ただ、裁判官から見て右側の傍聴席には、ひときわ重苦しい空気が漂っていた。被害者の遺族と思

しき一団が陣取っているのだ。特に悲しげな目をしている中年の女性は、おそらく被害者の奥さんだろう。

「(事故のときに) 右から車が来るのは見えましたか?」

「――Bạn có nhìn thấy chiếc ô tô đến từ bên phải không?」

「……」

国選弁護人は私と同世代くらいの男性弁護士だった。被告人のジエウに好感を持っていないらしく、検察官と役割を間違えたのかと思うほど口調と表情が厳しい。彼の口から「今後はかなりの期間の服役は免れないですが」という言葉が飛び出したときは、弁護士がこれを言うかと驚いてしまった。もっとも、彼がいらだつ理由も想像できる。被告人のジエウは、ごく簡単な内容の弁護人質問に対してもしばしば沈黙したり、「はい」「悪かったです」といった、明らかにその場しのぎに思える表面的な返答を繰り返しているのだ。事前に弁護士と満足なコミュニケーションを取ろうとしていなかったことを感じさせた。

彼女はおそらく、日本人の弁護士が自分を守ってくれる「味方」であることを、感覚として充分に理解できていない。裁判で用いられる難解な語彙も、たとえ通訳をされたところで意味をつかむことが難しいのではないか。

やがて、男性の検察官による反対質問に移った。

「捜査段階では、あなたは事故現場から逃げた理由について、『死んだり怪我させたりした相手の家族から報復されると思って怖くて逃げた』と言っていますね?」

「……はい」

死亡ひき逃げ事件発生を報じるニュース画面。ジエウが無免許運転していたのが、画面中央のミニバンだ（2020年12月19日、ABEMA NEWSより）。

「本当にそういう身勝手な理由で逃げたんですか？」

「……」

検察官は弁護士よりも温厚な口調だったが、ジエウの沈黙はますます増えた。

「答えてください」

法壇から声が飛ぶ。裁判官は四〇代なかばくらいの、端正な顔立ちの女性である。

当初、彼女は淡々と裁判を進行させていたが、被告人の度重なる沈黙に辟易《へきえき》したのか、途中から露骨に不快そうな表情を示すようになった。

「……答えなくてもいいですか」

長い静寂の後、ジエウが通訳を介して言う。法廷内に「おいおい」と呆れたような空気が流れた。反対質問が進む。

「倒れている被害者の痛み、つらさは想像できなかったですか？」

「……」

「逃げればよけいに、相手の怒りが増すとは思わなかったのですか？」

「……」

検察官が大きく首をかしげてみせた。芝居がかった振る舞いだが、半分は本心かもしれない。裁判官もうんざりした口調で「答えられないならそう言ってください。答えるつもりはないの？」と介入する。

ジエウは小さな声で「はい」とだけ答えて、証言台で棒立ちを続けた。

「本当に反省しているんですか？」

「……もうしわけないです」

「本国の家族に頼んで、遺族にすこしでも弁償する気は？」

「……私は技能実習生で家族は農業なので、お金ありません」

「できないのですね？」

「はい」

反対質問が終わり、ジエウは裁判官にうながされて被告人席に戻った。目からボロボロと涙をこぼしている。これは何の涙なのか。いまさら泣くのなら、もっとちゃんとした態度で裁判に臨めばいいのに。

すでに逮捕・起訴されている現在の状況で、自分の利害を合理的に考えるならば、裁判のなかで反省と更生の意思を示したほうがいい。そうすれば遺族の処罰感情や裁判官の心証がすこしでも和らぐ可能性があるし、自分の処罰もすこしは軽くなるかもしれない。

事前に弁護士としっかりコミュニケーションを取っておくことも重要だ。彼女は裁判中に「技能実習生」と名乗ったが、実際は勤務先から数ヶ月で逃亡している。たとえば外国人労働者に対する人権問題を言い立てることも――。それが好ましいことかはさておき、自分が助かるために裁判戦略を組み立てることは刑事被告人に許されている権利だろう。

だが、ジエウはそうした努力をまったくせずに裁判中は黙り続け、終わってから泣いている。

とはいえ、彼女のような振る舞いは、私がこれまで取材した在日ベトナム人の技能実習生やボドイたちの姿を思い浮かべてみると、比較的見慣れたものでもあった。

相手が弁護士か、検察官や裁判官かを問わず、自分よりも立派そうな人間から難しいことを言われたときは、とにかく沈黙してしまう。もしくは「がんばります」「にほんがすきです」「ごめんなさい」といった紋切り型の日本語を呪文のように唱え、その場をやりすごす――。

自分が置かれた環境を理解して、もっと適切な行動を取ればいいのにと歯がゆくなるが、彼らはそれをしない。そもそもジエウが日本にやってくる契機になった外国人技能実習制度にしてからが、発展途上国の内部でも判断力が低い（もしくは教育上の問題から「低くなった」）人たちを丸め込んで入国させ、安価な単純労働力として充当する仕組みとして、実質的に運用されている制度なのだ。

私は自分の席から左手に視線を送った。じっと耐えるような表情を浮かべる遺族らしき女性と、証言台に立つジエウの背中を睨みつけるスーツ姿の女性がいる。後者の女性は、年恰好から見て被害者の事務所の同僚かもしれない。

静かな住宅街での惨劇

事故は二〇二〇年十二月十九日午後五時五分ごろに起きた。

事故発生現場の交差点。ジエウが運転するミニバンは画面右の側道から飛び出し、画面奥から走ってきた別の乗用車と衝突。車体が弾き飛ばされて画面左のブロック塀に当たり、ジョギング中の加藤を巻き込んだ。現場はベビーカーを押す親子連れも通る。

当日、茨城県古河市東山田の天候は晴れ。郊外に自宅兼事務所を構える当時五五歳の建築士・加藤誠洋は、長年の日課であるジョギングをこなしながら、交差点に差し掛かろうとしていた。

本来なら、やや西にある県道一七号線の歩道が彼のトレーニングコースだ。しかし、この日午後の古河市には最大瞬間風速一一メートルのやや強い西風が吹いており、気温も一桁台だった。

田んぼのなかに伸びている道路を走ると寒い。ゆえに彼は、風の影響を受けにくい住宅街に向かった。しかし、結果的にこの小さな判断が加藤の運命を暗転させた。

「側道からミニバンが、一時停止も左右確認もなく市道に突っ込んできた。結果、走っていた車と出会い頭に衝突した。そして、ミニバンが跳ね飛んだ先に加藤さんがいたんです」

事故から約一ヶ月半後、現地に行った私に、近所の田村理容店の店主はこう証言した。彼は事故が起きた交差点のそばでヘアサロンを営んでおり、被害者の加藤とは「在学中の付き合いはなかった」ものの中学校の同級生だ。加藤は学生時代に陸上部に所属しており、卒業から約四〇年を経た現在もジョギングを続けていたようだ。

だが、理容師がそんな同級生の近況を知ったきっかけは、店の前で起きた悲惨な交通事故だった。店内で働いていた彼の妻も言う。

「物音を聞いて、様子を見るために近所の人たちが家から飛び出しました。でも、ミニバンに当たった車を運転していた女の人には『大丈夫ですか』って声を掛けにいったんですけど、倒れている加藤さんには、怖くて誰も近寄れなかったんです。仰向けのままで、ぴくりとも動かない。一目で『もうだめだ』ってわかる感じで」

市道を走っていた自動車を運転していたのは、近所に住む当時四六歳のパート従業員の女性である。さいわいほぼ無傷で済んだ。その後の裁判でも、法定速度内で走っていたという古河署の捜査結果が検察側から発表されている。

だが、衝突で弾き飛ばされたミニバンが目の前にいきなりやってきた加藤は回避しようがなかった。彼の背後には運悪くブロック塀があり、車体の左後部と塀に頭を挟まれる形となる。

倒れた加藤は茨城西南医療センター病院に搬送されたものの、五時五十六分に死亡が確認された。脳挫傷により、ほぼ即死だった。

「事故を起こしたのは、車検が切れている古い日産セレナ。その後の捜査で、別の車のナンバーが違法に貼り付けられていたことが判明した。現場は見通しの悪い交差点だが、スピードを出すような道路ではない。本来、それほど事故が起きやすい場所ではなく、近年は死亡事故が起きた例もない」

二〇二一年二月七日、取材に応じた古河署による説明だ。

もっとも、私が実際に事故現場に行ってみたところ、見通しもそこまで悪くない場所だった。事故の衝撃からかブロック塀がひび割れ、付近に自動車のライトの破片がわずかに散らばっていたが、献花などは置かれていない。注意して見なければ死亡事故の現場とはわからないだろう。

周囲は静かな住宅街で、数百メートル圏内に小学校や幼稚園、大きな児童公園がある。住民の生活水準は付近の他の地区よりもやや高そうだ。ベビーカーを押したり幼児と手をつないだりしている家族が何組か、路肩を歩いており、子連れ世帯が多く住む地域らしい。

凄惨な事故とは無縁――。というより、とりわけ交通事故が起きてはいけない地域だろう。もうすこし早い時間帯なら、児童公園帰りの親子にセレナが突っ込んでいてもおかしくなかったはずだ。

加藤が命を落としたのはそんな場所だった。

建築士だった彼は、過去に手掛けた作品がグッドデザイン賞を複数回受賞し、茨城・栃木・群馬など北関東各県の自治体のまちづくり事業や伝統建築保存事業に参画、専門学校の講師も務めるなど、地域の名士として知られていた。地元の『茨城新聞』で、大きく顔写真が掲載されて取り上げられたこともある。

「加藤さんは、なんていうか……。ちょっと変わった人で、独自の世界観を持っているアイディアマンで、センスがありましたね。特に古民家の再生・保存の分野では第一人者と言っていい。歴史的観点からデザインを考える人でした。多趣味で、ジョギングのほかにコーヒー豆の焙煎《ばいせん》なんかもやっていて」

カフェ店長の渡部秀樹はこう話す。彼は在学期間が異なるものの加藤と同じ国立小山高専の出身で、茨城県筑西《ちくせい》市内で兄とともに飲食店「二葉ごはん」とカフェ「二葉じかん」を経営している。「二葉ごはん」はもともと寿司屋だったが、先代だった父が亡くなり渡部兄弟が跡を継いだ際、加藤に建物のリノベーションを依頼した。店舗の再生はさいわいうまくいき、九年後に隣の敷地にカフェ「二葉じかん」もオープンさせた。

実際に店舗に行ってみると、単線の第三セクター鉄道（真岡鐵道《もおかてつどう》）沿いの田舎町らしからぬ垢抜けた雰囲気だった。特に飲食店のほうは、寿司屋時代の古い木板のお品書きを店内インテリアとしてわざと残す形で内装設計がなされている。

生前の加藤が作った空間である。

不法滞在・無免許・無車検・無保険

――いっぽう、運転者のジエウは事故現場から逃走した。

後日の裁判で明らかになったところでは、ジエウは現場を離れてから、同居している妹に電話し、やはり不法滞在者である妹が運転する別の車で迎えに来てもらって古河市外に脱出した。もちろん、こちらも無免許運転だ。

対する茨城県警も、事故直後からすばやく動いた。まずは県内各地のコンビニの防犯カメラの映像がくまなく洗われ、事故発生から一二日前の二〇二〇年十二月七日につくばみらい市のコンビニに事故車両と同じナンバーのセレナが来ていたこと、降りてきた女が宅配便の発送をおこなっていたことが判明した。

コンビニのレジに控えられていた宅配便の伝票の発送元住所が手がかりとなり、ジエウははやくも事故翌日の二十日朝、自動車運転処罰法違反（過失致死）と道路交通法違反（救護義務違反）容疑で逮捕された。場所はつくばみらい市内である。

ジエウ本人について、もうすこし詳しいプロフィールを紹介しておこう。

彼女は一九九〇年六月二日、ベトナムのフート省生まれ。故郷は首都のハノイの北西三〇キロほどの場所にある農村地帯だ。離婚歴があるシングルマザーである。

二〇一五年十月、当時二～三歳の子どもをフート省に残して、技能実習生として来日した。当初は岡山県の水産加工会社に勤務したものの、やがて逃亡。日本各地を転々とした末、数年後に茨城県つくばみらい市に移ったらしい。事故当時は妹と、当時二五歳の友人というボドイの女性三人で共同生活を送っていた。事故を起こしたセレナは、もとより車検が切れた来歴定かならぬ車両であり、この三人の共有物として使っていた模様だ。

ちなみに、ジエウには前科がある。二〇二〇年八月三十一日にさいたま地裁で、出入国管理法違反（不法滞在）と道交法違反（無免許運転）により有罪判決を受けているのだ。つまり事故のすこし前にも無免許運転で警察に逮捕されていたのである。

ただ、このときは裁判後に入管に送られてから、仮放免処分を受けて帰宅した。そして二〇二〇年十二月十九日、小山方面に住んでいる同胞に冷蔵庫と洗濯機を運ぶために再び無免許でセレナを運転し、今回の事故を起こした。

事故当時、側道から一時停止を無視して優先道路に飛び出し、横断をはかった行動から考える限り、彼女はごく基本的な交通ルールさえほとんど理解しないまま自動車を乗り回していた可能性が高い。もちろん自賠責保険にも未加入だった。加藤の突然の死は、不法滞在・無免許・無車検・無保険のベトナム人女性の運転によって引き起こされたのだった。

自動車ヤミ売買ルート

――再び事故の当時まで時間を巻き戻そう。

私がこの事故を知ったきっかけは、通訳のチー君から送られてきた「ついに恐れていた事態が起きた」というＬＩＮＥのメッセージと、ニュースのＵＲＬだった。

チー君の父親は一九八〇年代にボートピープルとして南ベトナムを離れ、日本政府によって受け入れられたベトナム難民で、苦労して働いてリサイクル会社を創業した。チー君は日本生まれの二世で、母語は日本語だが、ネイティブ発音の南部なまりのベトナム語も使いこなせる。ゆえに、近年の私の在日ベトナム人取材はもっぱらチー君の助けを得て成立している。

普通、日本国内で見つかるレベルの高いベトナム人の通訳者は、技能実習生の受け入れを調整する監理団体の関係者や、いい大学に通う留学生だ。ただ、監理団体の関係者は技能実習制度を擁護する立場なので、都合の悪いものは見せたがらない。いっぽう優秀な留学生は、人によってはボドイのような「レベルの低い」同胞を見下す傾向があり、そうでなくても「大学生様」はボドイ側から心理的な距離を置かれがちだ。つまり、どちらも取材相手との相性が悪い。

だが、チー君はいずれにも該当しない。しかも、彼はベトナム仏教の真面目な信者なので、埼玉県をはじめ日本国内にいくつもあるベトナム寺院に顔がきく。ボドイや技能実習生にとってベトナム寺院は故郷の風習や他の同胞とつながる貴重な場所であり、必然的に情報と人脈が集まる。

私がそんなチー君と組んでボドイを追いはじめたのは二〇二〇年の秋、北関東の家畜窃盗問題がきっかけだ。

取材の最初の段階から私たちが驚かされたのは、日本で暮らすボドイたちの間で、自動車のヤミ売買や無免許運転が事実上の野放し状態になっていることだった。入手するルートは、「はじめに」で紹介したようなフェイスブックのボドイ・コミュニティだ。

「俺の車も、ネットで二五万円で買ったんだよ」

二〇二〇年十一月二十四日、群馬県太田市のイオンモール内にあるコメダ珈琲店で証言してくれたのは、元技能実習生のボドイであるカイ（仮名）だ。当時二八歳の彼は屈託のない性格で、職人肌の真面目な不法滞在者──。と書くと変な感じだが、つまり、入管難民法と道路交通法に違反しているほかは悪いことをしていない、勤勉な外国人労働者であった。

「支払いは現金だけだ。売り手の身元はよくわからないな。車両は相手に頼めば、このイオンモールみたいな大型店舗の駐車場まで持ってきてくれるよ。キズがないか確かめて、カネと引き換えにカギをもらえばすぐ乗れる」

ヤミ売買なのに、レンタカー以上に気軽なノリだ。同居する数人で資金を出し合えば、数万〜数十万円くらいの車両の購入費用は捻出できる。もちろん税金も自賠責保険料も車両登録費も払わないので、購入費用以外は一銭も必要がない。

ボドイの多くが暮らす北関東などの郊外地域は、自動車なしでは生活の利便性が著しく下がる。需要が非常に大きいことで、システマティックな売買の仕組みが出来上がっているのだろう。彼らの市場で好まれるのは、たとえカーオプションや安全装備が貧弱でも見た目が大きくて、多人数で乗れたり積載量が多かったりする自動車だ。

インタビュー後に見せてもらったカイの愛車は、一〇年落ちのインサイトだった。ナンバープレートは「つくば」となっており、他の車のナンバーを違法に貼り付けているらしい。

「帰り、乗せていってあげるよ」

提案されたので、ものは試しに無免許運転のボドイ・カーに乗ってみることにした。ちなみに、自分から乗車を依頼すると無免許運転同乗罪が成立するが、相手から誘われた場合は、道義的にはさておき法的には問題がない。

だが、乗ってからすぐに後悔した。カイの運転は急ブレーキや急加速が極端に多く、イオンモール太田店から東武鉄道の太田駅までの二キロほどを乗っただけで車酔いをしそうになったのだ。

進路を変更するときもウインカーは出さず、車線境界線を無視してヌルヌルと動く。思わず悲鳴を上げてしまったのは、国道四〇七号線の太田市役所交差点で、対向車線からトラックが直進してきたのに、やはりウインカーを出さずにいきなり右折したことだった。

「だいじょうぶ、だいじょうぶ。俺、ベトナムで免許持ってる。トラックも運転したことある。クルマ、好きなんだ」

カイの不法就労先は自動車修理工場らしい。本当に自動車が好きなようだ。

ただ、日本で公道を運転してはいけない人であることも間違いない。

最初の死亡事故

事実、こうした無免許運転のベトナム人による事故は近年になり多発している。報道では容疑者の在留資格が報じられないケースが大半だが、ざっと調べた限りでひき逃げや当て逃げ、車両放置などが目立つのは、警察沙汰になると面倒なことになる立場ゆえのことだ――。という想像は、それほど事実から外れていないだろう。

たとえば、私がジエウの事故を追いかけていた取材当時に調べた、二〇二〇年の主な摘発事例は以下の通りだ（年齢はすべて当時、対人・対物事故は太字にした）。

【二九歳男性】二月十八日、滋賀県米原市で無免許運転、道路脇の溝に脱輪しているところを発見される。

【三〇歳男性】三月二十六日、三重県三重郡朝日町で無免許運転、乗用車に追突して逃走（ひき逃げ）。追突された車両の運転手は首に軽いけが。

【三六歳男性】五月三十日、岐阜県各務原《かかみがはら》市で無免許運転、乗用車に追突して逃走（当て逃げ）。同乗の男性二人も不法残留容疑で逮捕。

【三三歳男性】六月四日、静岡県浜松市で無免許運転、一時停止違反。

【二四歳男性】六月十四日、静岡県焼津市で無免許運転、別の乗用車に追突して逃走（ひき逃げ）。追突された車両の運転手は首に軽いけが。

【二八歳男性】七月十九日、岐阜県土岐市で無免許運転。
【三一歳男性】七月二十一日、岐阜県大垣市で無免許運転。
【二二歳男性】七月二十八日、福井県福井市で無免許運転、別の乗用車に追突。追突された運転手は首に軽いけが。
【三五歳男性】八月二十四日、愛知県名古屋市東区で無免許運転、タクシーと接触事故のうえ、パトカーからの逃走中にさらに接触事故。
【二六歳男性】九月十八日、三重県鈴鹿市で盗難車のナンバープレートを付けた車両を無免許運転。
【五六歳男性】十月二十二日、静岡県浜松市で無免許運転、交差点で別の乗用車と衝突のうえ逃走。酒気帯び状態だった。
【三〇歳女性】十二月十九日、茨城県古河市で元技能実習生チャン・ティ・ホン・ジエウによる無免許運転、ひき逃げ死亡事件（本書で詳述）。
【二五歳男性】十二月二十四日、愛知県小牧市でレ・ホン・ファットがデミオを無免許運転のうえ、通勤途中に自転車をこいでいた三九歳の女性会社員に背後から追突し、そのまま逃走（ひき逃げ）。女性は骨盤骨折の重傷。

最後の二五歳男性、レ・ホン・ファットの事故は、私が二〇二一年二月に現地に行って調べている。事故現場の住所は小牧市小松寺、市立味岡小学校の校門前の道で、隣には味岡中学校もある。

事故直後の様子を目撃した近隣住民によると、大量に出血して倒れていた被害者を、通学途中の男子中学生たちが介抱していたという。事故の発生時刻は平日の朝八時、通学時間帯だったので、場合によっては小中学生が轢《ひ》かれていてもおかしくなかったはずだ。

いっぽう、私が小牧署に行ってファットと接見し、さらに仲間と住んでいた家をチー君と一緒に訪ねて聞き込んだところでは（本書一八ページの写真はこのときのものだ）、彼も茨城県のジエウと同じく逃亡した元技能実習生だった。友人の話では、愛車のデミオがご自慢で、よくガールフレンドを乗せてドライブデートをしていたという（余談ながら、逃亡した元技能実習生の生活は悲惨なイメージで語られがちだが、なかにはドライブや旅行に行ったり、ギャンブルに興じたり恋人を作ったりと、技能実習生時代に認められなかった「自由」を享受して暮らす例もすくなからず見られる）。

それはさておき、警察は現場周辺の防犯カメラの映像などからファットを特定し、数日後に別の車両を無免許運転しているところを現行犯逮捕した。後日、ひき逃げ容疑で再逮捕している。

捜査ではさらに、ファットの愛車デミオについて、二〇一九年九月十五日に道路運送車両法違反容疑で愛知県警に逮捕されていた岐阜県安八町《あんぱちちょう》の中古車販売業者、I・Y（当時の警察発表では実名）の所有であることも明らかにされた。I・Yは当時三五歳の男性で、姓名を見る限りは日本国籍の人物のようだが、彼と協力関係にあった二人の在日ベトナム人も逮捕されている。

報道によれば、I・Yのグループは自動車の一時抹消登録制度を悪用して車両販売を繰り返していたという。一時抹消登録制度とは、すでに車検登録済みの車両を一時的に抹消することで廃車と同様の扱いにできる制度で、車両が公道を走れなくなるかわりに、車検や自賠責保険の支払い、自動車税の納付などが一時的に免除される。本来は業者による中古車販売の際など、自動車を長期間乗らなくなる場合に利用される制度だ。

Ｉ・Ｙは二〇一八年ごろから、一時抹消登録済みの車両に偽造の車検シールを貼り付けるなどして、一台あたり一五〜二〇万円で不法滞在者のベトナム人らに向けて販売していた。捜査によれば、車両の販売先は愛知・奈良などすくなくとも一七府県にわたり、約四〇台が窃盗グループの移動手段や無免許運転に使われたことが判明している。ファットが無免許ひき逃げ事故を起こしたデミオも、そのうちの一台だったわけだ。

もっとも、私が群馬県で取材したカイの例を挙げるまでもなく、フェイスブックのボドイ・コミュニティを介したニセ車検シールや中古車のヤミ取引は、愛知県警がＩ・Ｙグループを摘発した後も続いている。おそらくＩ・Ｙグループは氷山の一角にすぎず、日本国内にはまだ複数の、ベトナム人向けの車両ヤミ取引ネットワークが存在するのだろう。

在日ベトナム人数の増加から考えれば、ボドイによる無免許運転の急増はおそらく二〇一〇年代のなかば以降の現象だ。ただ、無免許運転者による当て逃げやひき逃げは少なからず起きてきたものの、さいわい最近まで死亡者や重傷者はほとんど出ていなかった。

とはいえ、紙一重の確率で防がれてきた危機は、母数が増えれば避けられなくなる。

ジエウの事故は、ボドイによる無免許運転が引き起こした、おそらく最初の死亡事故だった。

犯人が向かった「天使の城」

「ここ、ほんとにジエウさんが逮捕された家なんでしょうか？」

「さあ……。そうとは思えないけど、他に該当しそうな場所はないしなあ」

舞台は移って二〇二一年二月八日午後六時、茨城県つくばみらい市。私とチー君は停車中の自家用車のなかで、近所のおしゃれなベーカリーで買った生野菜の多いサンドイッチにかぶりつきながら、この日で何度目かになる会話を繰り返していた。

周囲はつくばエクスプレスが開業した二〇〇五年前後から開発が進んだ、清潔感のあるニュータウンだ。都心に通勤する家族持ちのビジネスマンが建てた一戸建て住宅が多く、自動車も所得の高さを想像させるSUVが目立つ。近所には恐竜をかたどった遊具を設置している児童公園と、ピカピカの大きなコミュニティ・センターがあった。

古河署では、ジエウが逮捕されたのは同胞の自宅である集合住宅だったと聞かされた。だが、当該の住所に建っていたのは、フランス語で「天使の城」を意味する名前の、真新しい茶色い壁のメゾネット形式の賃貸物件だ。駐車場を備えた広い敷地にA・B・Cの三棟があり、一棟あたり三〜四個のドアがある。各戸にTVモニタ付きのインターホンが設置されており、セキュリティもよさそうだ。

過去、ブタの死体を解体したボドイのアパートや、「群馬の兄貴」（第4章参照）のアジトのような訳アリのボドイ・ハウスばかり訪ねてきた経験からすると、この「天使の城」は、死亡ひき逃げ事故を起こしたボドイが逃げ込んだ場所としては〝ちゃんと〟しすぎているように思えた。洗濯物の特徴や、換気扇から漏れ出る食材の匂いなど、ベトナム人が暮らす家を突き止めるときのヒントになる要素も、まったく感じ取れない。

「もう六時半ですね。仮にここに住んでいるなら、家にいる時間……かな」

「だと、いいけどなあ……」

お互いに自信がない。ちなみに技能実習生にせよボドイにせよ、肉体労働系の仕事に従事しているベトナム人労働者たちは、多少の残業があったとしても夜の帰宅時間は早い。

「仕方ない。地道にいこう。ベトナム語が必要なときはすぐに呼ぶから、出られる準備はしておいて」

チー君にそう伝えて車外に出た。最後の手段として、個別にインターホンを鳴らして確かめることにしたのだ。

さいわい、私はジエウの事故を月刊誌『文藝春秋』の原稿のために追いかけていた。片っ端からインターホンを押して回っても、防犯カメラ越しに「文春の記者です」と話せばドアを開けて応対してくれる人が多かった。同じ会社の『週刊文春』と勘違いされて「誰の不倫を追いかけているんですか?」と何人かに尋ねられたが、それほど邪険には扱われない。

「今回は不倫じゃなくて、ベトナムの人を追いかけているんです。この集合住宅のなかで、外国の方が入居しているおうちの心当たりはありませんか?」

「いや……。見当がつきません。そんなうち、あるんですか?」

築年数が経った壁の薄いアパートであれば、近所の事情に通じた古参の住民に当たる場合がある。だが、ニュータウンのメゾネット住宅では望み薄のようだ。

C棟はすべて空振りである。あまり期待はできないと思ったが、次はB棟だ。

一軒目は不在、二軒目は中年の女性からインターホン越しに「知らない」と返事がきた。そして、二月の夜の寒さで手がかじかむなかで三軒目を訪ねると——。

「ハイ」

黒い髪を頭にペタッとなでつけた、色白の若者が顔を出した。明らかに日本人ではない。

良質な技能実習生

「ドモ。コンバンワ」

「あなた、ヴェット・ナムのひと？」

「ソウデス」

まさかのビンゴだ。私は「ちょっと待って！　待っててね！」と彼に扉を閉じないように頼み、慌てて車に戻ってチー君を引っ張り出してきた。

「...Có chuyện gì vậy?」

「Tôi có một câu hỏi dành cho bạn...」

すっかりベトナム人の顔に切り替わったチー君が若者と喋っている。ほどなく若者は「ドウゾ」と、私たちを家の中に迎え入れてくれた。いつものことながら、ベトナム人の男性はなぜか初対面の相手にまったく物怖じしない。頼めば普通に自宅に上げてくれる。

「このお兄さんは逮捕のことはよく知らないけれど、ルームメイトの彼女が、ジエウさんだって言ってます。ルームメイトはもうすぐ帰ってくるみたいです」

チー君が若者の言葉をそう訳してくれた。

ちょうどいい。いまからコンビニに行って差し入れのビールを買ってくれれば、ルームメイトの帰宅に間に合うだろう。ジエウはどうやら、事故の後にボーイフレンドの家に逃げ込んで、そこで逮捕されたようなのである。

「ありがたいよ。僕は日本語がよくわからないから、詳しい事情を知りたかったんだ。ま、食べてくれ」

わざわざむいてくれたリンゴを私たちに勧めながら、帰宅したジエウのボーイフレンドが言った。会話はベトナム語だが、煩雑なのでここからは日本語で書いていく。

彼の名前はカン（仮名）。取材の時点で来日二年目、三〇歳の技能実習生だ。

外見は長身で細身だが、意外と筋肉質である。部屋の片隅に自作のバーベルや、リサイクルストアで買ったという腹筋チェアが置かれており、自宅で鍛えているらしい。しばらく会話してみると、外見そのままに爽やかで裏表がない性格なのがわかった。日本語はいまいち苦手だが、技能実習を終えた後も日本で合法的に働くために、滞在資格「特定技能」を取得する勉強を熱心におこなっているらしい。

日本に来るベトナム人労働者は北部出身者が多いが、カンはベトナム最南部のメコンデルタ地帯にあるヴィンロン省の生まれだ。母国での前職はなんと海軍の兵士で、カンボジア国境近くに浮かぶベトナム最大の島・フーコック島の基地に長年勤務していたという。

「土を掘って武器の格納庫を作っていた。僕はタイランド湾に配備されたからよかったけど、南シナ海の島に行かされた同僚は大変なんだよ。中国の船が攻めてくるんだ。あいつら、漁船に鉄砲を載せていて、それを撃ってくるんだぜ」

ベトナムは南シナ海のチュオンサ諸島（南沙群島）やホアンサ諸島（西沙群島）の領有をめぐり中国と争っているのだ。

「ところで、ここってすごくいい家ですよね。広いし新しいしきれいだし」

「うん。いいだろ。会社が準備してくれたんだ。僕たちの家賃負担は一人あたり月二万円なんだけど」

その言葉通り、カンたちの家は外観だけでなく室内も清潔感があった。スマホで賃貸情報を調べると、築一三年で専有面積五八平米の２ＬＤＫ、家賃は本来ならば月七万円である。さきほど各戸の住民を訪ねたとき、家族で入居している家がいくつかあったのも納得できる。

「待遇がいいですね。こう言っては悪いですが、技能実習生とは思えない」

「会社には満足してるよ。けっこう残業があるから、給料も月に一八万円くらいはもらっているんだ」

カンの勤務先は、業界三位のシェアを持つ素材メーカーの関連工場で、東証一部上場企業だった。外国人技能実習制度は、建前としては「発展途上国の『人づくり』に寄与する」国際協力事業だ。もちろん、制度の実態はこの美辞麗句とはかけ離れており、低賃金労働や人権侵害がしばしば横行している――。だが、物事には常に例外がある。コンプライアンスがしっかりした大企業のなかには、制度の理念を真面目に実践して、実習生をしっかり扱っている会社もそれなりに存在しているのだ。

こうしたまともな会社と組む技能実習生の監理団体はしっかりした組織であり、そこと提携するベトナム側の送り出し機関も、やはり相対的に良心的だ。たとえば、出国前に希望者に対してウソの条件を吹き込んだり、百数十万円くらいの多額の借金を背負わせたり、多数のブローカーを噛ませて中抜きのネットワークを作っていたりはしない。

こうした送り出し機関を通じてやってくる技能実習生は、やはり良質な人材である。カンにしても、自宅で筋トレや学習をおこなう向上心があり、性格も明朗快活だ。もともと海軍の兵士なので、規律正しく命令に従う習慣が身についている点も、労働者として好ましい特性だろう。

彼氏についていたウソ

　そんな彼は取材にも積極的に応じてくれた。

「ジエウさんとはいつ、どうやって知り合ったんです？」

「二〇二〇年の八月三日。フェイスブックだ」

「事故の四ヶ月くらい前か……。彼女はベトナムでは何をやっていた人なんですか」

「ベトナムでの仕事は、聞いていないからよくわからない。付き合ってから、離婚歴があって地元に子どもを残してるって聞いた。でも、僕は気にしないよ」

「ジエウさん、来日後は何をやっている人だったんでしょうか」

「岡山県の水産会社の技能実習生だったらしい。ずいぶん手が荒れるひどい職場で食事もろくに与えられず、先輩の中国人の実習生からすごくいじめられるのに耐えられなくて、逃げたと話していた」

　後日、ジエウの身の上話は事実とかなり異なっていることが判明するのだが、このときは詳しいことはわからなかった。

「彼女が逮捕されたのって、本当にこの家なんですか」

「……ああ。もともと、よくこの家に泊まりに来ていたんだ。事故を起こした日の夜も、うちに泊まった。ケガをしていたから手当てをしたよ。足が痛いと言っていた」

「逮捕の経緯についても教えてください」

「事件の翌朝、彼女と同居している妹から僕に『警察の人が来てる』と連絡があった。そこで僕があちらの家に行ったら職務質問されて、この家まで同行された。結果、ジエウが捕まったんだ」

ジエウの妹と友人も、不法滞在者なので相次いで逮捕された。いっぽう、カンは警察署で一時間ほど尋問を受けたが、事故とは無関係ということで、すぐに帰された。さいわい、勤務先にも知られなかったという。

「前夜、ジエウさんから、事故についてはなにか聞いていましたか」

「自分の車を路上に停車させていたら、他の車が思い切り追突してきて、怖くなって逃げたと言っていた。人が死んだとは知らなかった、自分はなにも悪くないって」

「それ、私が警察で聞いた話とはだいぶ違いそうですよ」

「よくわからない。ただ、彼女はウソをつくような人じゃないと思うんだ……」

離島勤務の武骨な軍人だったカンは、入営前に一人だけ交際相手がいたというが、これまで何年も恋人がいなかったらしい。

正規の滞在資格を持ち福利厚生が充実した大企業に勤務する未婚の彼と、バツイチで本国に七〜八歳の子どもがいる不法滞在者のジエウの関係は不釣り合いな気がしたが、カンが女性慣れしていないことも、カップルが成立した要因のひとつではないかと思えた。

ちなみに後日の初公判後のことだが、カンはジエウに前科があることや不法滞在者であることを、本人から知らされていなかったことが判明した。それどころか、無免許運転をしていることさえ把握していなかったらしい。

「彼女はここに拘置されてるんだよ」

取材の最後、カンはそう言って拘置中のジエウから送られた手紙を見せてくれた。封筒の裏側には非常にたどたどしいペン文字で「うしくしもねちょう491-1　TRAN THI HONG DIEU」と書かれている。住所は茨城県警の牛久警察署のものだった。

「わたし、お金、もらえるの？」

「ジエウさんは、いっしょにすんでいる人と、いっしょに、車をつかっていた？」

「……わたしの車じゃ、ない。友だちの車」

Minetoshi Yasuda

拘置中のジエウから恋人のカンに出された封書。ひらがなとカタカナだけの宛先が痛々しい。しかし、ジエウはカンに本当のことは何ひとつ伝えていなかった。

「車はどこで、買いましたか？」

「どう買ったか、しらない」

翌二月九日、私は牛久署の接見室で、拘置中のジエウと向き合っていた。さいわい、彼女の日本語は元技能実習生としては上手なほうで、通訳者が不在でもある程度まではコミュニケーションが取れた。

もっとも、言葉自体は通じても、会話の内容は嚙み合わない。

「ジエウさんは、カンさんに『車をとめていたら、ぶつけられた』とはなしましたね?」

「……。そうです」

「じぶんは車をぶつけられた。だから、わるくない?」

「……」

「べんごしの先生に、その考え、つたえましたか?」

「……いってない」

アクリル板越しに間近で向き合ったジエウは、マスクをつけているものの、顔立ち自体は整っているように思えた。ただ、三〇歳にしては荒れて黒ずんだ肌と、髪質の悪いロングヘアのほうが印象に残った。

前日に会ったカンが、朴訥すぎるきらいはあるものの爽やかな好青年だったのに対して、ジエウの振る舞いや外見にはスレた雰囲気を強く感じた。無責任な事故の容疑者、という先入観を抜きにしても、好感を持てるタイプの人物ではない。

「死んだ人のかぞくに、おわびのお金、はらう気もちは、ありますか?」

「わたし、お金、もらえるの?」

仏頂面だった彼女の表情に喜色が浮かんだ。自分の事故で損害賠償の義務が発生することさえ、よく理解していなかったのだ。

「ちがう、ジエウさんが、お金、はらうんです。そのつもり、ありますか?」

「そんなの、しらない! お金はらうこと、そんなの、しらない!」

「……あなたの子どもは、ベトナムにいます。しんぱいじゃ、ない?」

「しんせき、そだてるから、だいじょうぶ」

「彼氏のカンさんがしんぱいしています。彼に伝えること、ある?」

「ない」

彼女の関心はもっぱら自分自身のことに集中していた。塀の外で帰りを待っているカンや、幼児のときに母国に残してきた息子への興味もかなり薄いように見えた。被害者の加藤誠洋について尋ねてみたところ、なんと名前さえ覚えていない。

――ひどすぎる。

やがて三月四日に迎えた初公判でのジエウの様子は、すでに本章の冒頭に書いた通りだ。

私と同席して裁判を傍聴していたカンは「裁判官も検察官も弁護士も、みんなが彼女をいじめていると思う」と話したが、恋する男ではない私はそうは感じなかった。むしろ、厳しい目つきでジエウの言動を見つめ続けている加藤の遺族や関係者たちの心境をおもんぱかると心が痛んだ。

さすがに義憤を覚えて、同年三月に刊行された『文藝春秋』と、ウェブ版の『文春オンライン』に、ジエウの事故を強く問題視する論調の原稿を書いた。特にウェブ版の記事は、大手ポータルサイトのYahoo! ニュースに転載されたことで、多くの人の目に触れたようだ。

その後、同月末。

私のフェイスブックメッセンジャーに、見知らぬベトナム名の女性から何本もメッセージが入っていた。ひとまず文面をコピーして、Google 翻訳にかけてみる。

「E chào a」(こんにちは)

「E là e của diệu」(私はジエウの妹です)

「Cho e hỏi chút có được không a」（ちょっと聞きたいことがあります）

驚いた。ジエウと同居していた妹からの連絡だったのだ。ひとまず、仮名をフエンとしよう。彼女もジエウの事故の後で逮捕されたが、最近になり仮釈放されたという。フエンは自分の姉の記事がウエブに掲載されたことを知り、私の名前を調べてメッセージを送ってきたのだ。

慌ててアプリの機能を使って電話を掛ける。相手の顔が見えないのでコミュニケーションに苦労したが、それでもフエンは、会話がかろうじて可能な程度には日本語ができた。

そして、彼女とつくばみらい市内で会うことになった。

「お姉ちゃんを助ける方法はないですか」

「私の来日は二〇一五年四月だから、お姉ちゃんよりも私のほうが半年早く日本に来たんです。私の職場は埼玉県にある工場だったけど、すぐに勤務先が倒産しちゃった。だから、そのまま会社を離れて不法就労することになったんですよね」

二〇二一年四月二日、実際に顔を合わせたフエンは、あらゆる意味で姉とは似ていない女性だった。

彼女は才気煥発としたタイプだ。チー君の通訳を介しているとはいえ、話の内容は筋道だっており受け答えも素早い。この後の会話内容からも明らかなように、実は姉よりもずっと気が強い性格だろうと思えるのだが、言葉のはしばしでニコッと人懐っこい笑顔をはさみながら話すので悪い印象は受けない。

「出国前、私は日本円で一五〇万円くらい、お姉ちゃんはもっと借金を背負いました」

彼女らはカンの事例とは真逆で、ベトナムで相当ひどい業者に騙されてから日本に来たらしい。

「お姉ちゃんは岡山の水産会社にいたけれど、逃げたいのに通信環境がなかったから、私がポケットWi-Fiを差し入れました。それを使って情報を検索して逃亡ブローカーを探して、逃げたみたいです」

「ボドイになってから、フエンさんとジエウさんはずっと一緒に暮らしていたんですか？」

「いえ。お姉ちゃんとつくばみらいで暮らすようになったのは一年くらい前からかな。わりと最近ですね。それまで私、日本全国あちこちにいたんです。働き先で友だちになった日本人のおじさんが車に乗せてくれて、名古屋から茨城まで移動したりとか。あなたが書いた記事も、日本人の友だちが教えてくれて知りました」

ほとんど日本社会との接点がなさそうな姉のジエウとは違い、フエンはかなり積極的に、職場で出会う日本人たちとかかわってきたらしい。ときには長距離移動のための自動車を出してもらうなど、相当の時間や費用を負担してもらうケースもあったようだ。

彼女が日本人からそこまで好意的に接してもらえる理由は、おおむね見当がついた。フエンは色白で背が低くて童顔であり、舌足らずな甘い発音の日本語を話す。ちょっと七〇年代の清純派アイドルのような、現代の日本人女性にはない独特の雰囲気があるのだ。工場のおじさんたちが骨抜きになるのも想像に難くない。

このとき、私はチー君と、同じくベトナム語が話せる日本人女子大生のリン（第3章参照）を連れて取材に来ていた。だが、フエンの表情や立ち居振る舞いを観察すると、日本人の中年男性である私と日本語で会話をするときだけ、彼女は笑顔を見せる頻度が高くなるようだった。

ボドイになってからの約五年間、日本で隠れ暮らすなかで身についた習慣だろう。彼女はおそらく、姉とは別の生存戦略で生き延びてきた人間なのだ。

「お姉ちゃんはどうすれば助かるんでしょうか？　停車しているところを後ろから追突されたのに、なんで日本人のドライバーは捕まらなくて、お姉ちゃんが捕まったんですか？」

事故の直後、フエンは姉からの電話を受けて別の自動車で迎えに行った。おそらく車内で、ジエウからそう聞かされたのだろう。もっとも、実際の事故がジエウの過失で引き起こされたことは、目撃者もおり、ほとんど間違いない。

「日本人の偉い人は、お母さんと子どもを自動車で轢いて死なせても罪にならないですよね。でも、私たちはベトナム人で、日本人を死なせたから、牢屋に入れられるんでしょ？　弁護士も裁判所とグルですよね」

彼女が言っているのは、おそらく二〇一九年四月に元技術官僚の高齢男性が池袋で自動車を暴走させて、母子二人を死亡させた事故のことだ。この男性は二〇二一年九月に禁錮五年の一審判決を受け入れたので「罪にならない」わけではなかったが、世間でそうした疑惑を持たれ、事件は大きな騒ぎになった。フエンはおそらく、日本の三面記事的なニュースを翻訳して配信している『TAIHEN Đời Sống』（タイヘン）の記事を読んだか、日本人の「友だち」から聞かされるかしたのだろう。

いちおう、「そんなことないですよ」と答えたものの、普段は日本人の男性に愛想のいい笑顔を振りまくフエンが、ひそかに抱いている日本観が垣間見えた気がした。技能実習生やボドイのなかでも、地頭のいい人間は、日本社会での自分が、そういう不公平な扱いをされかねない立場であることに気がついているのだ。

――事実、この会話の直後にフエンの疑惑を裏付けるような出来事も起きてしまった。

私がフエンに頼まれてジエウを担当する国選弁護人に電話をかけたところ、なんと「その方（＝フエン）がジエウさんの実の妹だと証明できないでしょう？」というわけのわからない理由で、会って相談することを拒まれたのだ。

おそらく、ジエウが悪質な事故を起こした事実が明らかである以上、多少の情状を主張したり謝罪の意思を示したりしても量刑の大幅な軽減は望めないので、いまさら被告の妹に会っても意味がないと判断したのだろう。ただ、仮に被告が日本人だったとすれば、獄外にいる唯一の肉親である実妹が、弁護活動の相談のため連絡してきたときに、門前払いを食らわせるようなことは、普通はやらないのではないか。

「私、日本に来る前は、日本はいろんなものがキラキラしているピンク色の夢の国だと思っていたんです。でも、来てから違うとわかりました」

国選弁護人に面会を断られてから、フエンはそう言った。

「被害者への賠償金は……。お金ないですけど、がんばったら五〇万円くらいなら……集められると思います。なんとかお姉ちゃんを助ける方法はないですか？」

フエンとは別に、ジエウのボーイフレンドのカンも「払える範囲でジエウのかわりに払いたい。謝罪もしたい」と話した。接見や裁判で見たジエウ本人は、罪の意識が薄く責任を取る気もなさそうだったのに、周辺の人たちはやけに良識的な人ばかりである。

とはいえ、前科のある不法滞在者が無免許・無車検・無保険で死亡ひき逃げ事故を起こし、しかも遺族には賠償金すらほとんど支払われないという現実の理不尽さからは、やはり目をそらせない。

ジエウに対しては、第一審で懲役四年の判決がくだされた。

第2章

嫌われ娘・ジェウが暮らした漁村

技能実習生としてジエウが働いた岡山県の漁村にあるカキ加工の作業現場。ここでの「カキ打ち」が彼女の仕事だった。

Soichiro Koriyama

ここ五年くらいでベトナム人が増えた

「ジエウなあ。あいつはうちで働いて五〜六ヶ月で逃げたね。平成二十八年（二〇一六年）四月八日の夕方におらんようになって、十日に警察署に失踪届を出した。資料が残ってるんよ」

初夏の陽光が波面によく映える日だった。二〇二一年五月十九日、中国地方の漁村で、瀬戸水産の経営者の川上雄司（社名・氏名ともに仮名）はそう話しはじめた。

北関東の茨城県古河市で無免許運転による死亡ひき逃げ事件を起こしたベトナム人女性のチャン・ティ・ホン・ジエウは、その四年八ヶ月前、技能実習生としてこの瀬戸水産で働いていたのだ。

漁村の規模は二五〇世帯ほどだろうか。奥行き七〇〇メートルほどの小さな湾を囲んで広がる集落だ。地形は典型的なリアス海岸で、海沿いの家々を囲むように山が迫り、その中腹に由緒ありげな神社が数社ある。

集落の中心部に食堂や雑貨店は存在せず、村外れの自動車道のインター近くにコンビニが一軒あるだけだ。最寄りのローカル線駅までは約一七キロ。村外に出る方法は一日の本数が一〇本にも満たない路線バスか、誰かの自家用車やタクシーに乗るしかない。

集落の主産業は、瀬戸内海の名産であるカキの養殖である。取材時点で四五歳だった瀬戸水産の川上も、数年前に先代である父親から事業を引き継いだ。近所には似たような小規模経営の水産会社が何軒も並んでいる。空き地にはカキの成熟幼生を固着させるための、ホタテ貝を連ねた苗床が多数置かれ、白い貝殻が陽光に映えて眩しい。

瀬戸水産のカキ打ち労働者の名札。ベトナム系の名前が目立つ。

「技能実習生は昔から働いてるけど、ベトナム人が増えたのはここ五年くらいかなあ。それまでは中国人。いまは、たぶん集落全体でベトナム人三〇～四〇人、中国人五～六人ぐらいの割合じゃろね」

社屋の二階にある小さな応接室に私を迎え入れた川上は、話好きで裏表のなさそうなタイプだった。部屋の片隅には、この家の子どもが数年前まで遊んでいたという足漕ぎ式のキッズカーや、室内用のジャングルジムがそのまま置かれている。

隣の部屋はカキのむき身加工、通称「カキ打ち」をおこなう作業室である。取材時はすでにシーズンの末期だったが、それでも年季が入った作業台には身を取り除かれたカキ殻が山をなしている。バケツのなかにはアルバイトに来るという日本人名のほか、カタカナのベトナム人名の木の名札がいくつも入っていた。

室内のベニヤ板の裏には、子どもがマジックペンで描いたらしい、崩れたアンパンマンの顔の落書きがある。

「ベトナム人の実習生は真面目な子もいるけれど、全体的に見栄を張りがちじゃわ。自分の給与明細、本当は月九万円なのに、文字を二九万円に書き換えた写真をフェイスブックにアップして『こんだけもらってます』と言ってみせたりね」

川上が続ける。

湾内に係留された漁船で、ノンラー(ベトナム式の編み笠)をかぶった男女が立ち働いているのが見えた。私が話を聞いている間、カメラマンの郡山総一郎は、通訳のチー君を引き連れて屋外で盛んにシャッターを切っているようだ。昭和以前からそれほど景色が変わっていなさそうな日本の漁村で、円錐形の異国の帽子をかぶった技能実習生の姿は被写体として魅力的だろう。

「ベトナム人実習生の仕事ぶりは、会社によっても違うが、ある程度は厳しくやらないといかん。やさしいお婆ちゃんが、自分の孫みたいにして『これを食べな』『服を着な』と大事に扱うようなところでは、付け上がって真面目じゃなくなる。あと、最初の二~三年は真面目でも(技能評価試験に合格して技能実習三号になる)四~五年目からいきなり適当になるやつもおるね」

「じゃあ、事故を起こしたジエウさんはどういう人でしたか?」

「あれは……。際立ってひどかったわ。日本に仕事をしに来たとは思えんほど、特に不真面目な印象じゃった。万事がものすごくいい加減で、こいつ何しに日本に来とるんじゃ、と僕らも思ってたよ」

アポなし突撃取材

私たちが瀬戸水産にたどりつくヒントをくれたのは、ジエウの妹のフエンだ。

彼女は被告人の妹にもかかわらず、国選弁護人から面会を断られた。目の前で見ていて気の毒だったので、私たちはひとまず彼女がセカンドオピニオンを聞けるようにと、つくばみらい市内の別の弁護士事務所を調べて、法律相談に付き添ったのである。さいわい、こちらは良心的な事務所で、仮釈放直後のボドイであるフエンの経済状況をみて、相場の半額の費用で一時間の相談を受け付けてくれた（もっとも、ここでの見解も「ジエウの量刑はほぼ変わらない」というもので、フエンを失望させることになった）。

フエンは昭和の女子学生のような可憐な外見だが、ボドイ歴が長いためか非常に実利的な性格だ。日本人に対しては、相手の利用価値を考えて付き合ったり、交換条件がないと動かなかったりする傾向がある。私は彼女に弁護士を紹介したことで、姉のジエウの情報を教えてもらうことができた。

「おおやまけん　せとうちし　〇〇〇ちょう　せのすいさん」

これが、フエンが送ってきたフェイスブックメッセージである。

「せとうちし」はどう見ても瀬戸内市だろう。なので、「おおやまけん」は岡山県の誤記だと見当がつくが、「〇〇〇ちょう」はまったくわからない。ひとまずGoogle Mapsで社名を検索すると、岡山県瀬戸内市牛窓の海岸に「瀬乃水産」（仮名）という会社が見つかった。牛窓は小豆島の対岸にある町で、「日本のエーゲ海」のキャッチフレーズとオリーブの生産で有名だが、カキ養殖も盛んである。

この手の取材はアポ無しが基本である。事前に電話で問い合わせて確認を取ると、仮に会社側が問題を抱えていた場合に、前もって対策されてしまう可能性があるからだ。

そこで五月十八日、私は郡山とチー君といっしょに岡山県に向かった。長距離運転を苦にしない郡山にドライバーになってもらい、都内から自家用車で九時間。満タンのガソリンタンクが空になったところで岡山市に到着し、三人で一泊七五〇〇円のAirbnbに泊まってから、翌日午前に牛窓に向かった。だが、私たちが目指した瀬乃水産は、どうやらジエウの働き先ではなさそうだった。

再びフエンのフェイスブックメッセージとGoogle Mapsを交互に確認して「〇〇〇ちょう」らしき近隣の地名を探すと、同じ市内の別の海沿いに似た名前の集落があった。さらに調べると、「瀬戸水産」という会社もあるようだ。さては、こちらのほうではないか。

「なんじゃや、あんたは」

集落に向かい、漁協を訪ねてみると、いかにも海の男という感じのがっしりした中年男性が、強い備前言葉でそう答えた。

「去年、北関東で死亡ひき逃げ事件を起こしたベトナム人女性の過去を調べているんです。彼女が以前に、このへんで働いていたらしくて」

「そうか。確かに瀬戸水産という会社はここにあるけども……」

漁協の男性は口数がすくないが、表情を見ると当方を拒絶している感じはない。私が自分の名刺を出し、ジエウについて記事を書いていることを伝えると、彼は「一時間ほど時間をくれんか」と答えた。集落のなかに同名の会社が複数あるので、確認するという。

「ネットの記事読んだよ。面白いことをやりよおるが」

一時間後に漁協を再訪すると、さきほどの男性が笑顔でそんなことを言いながら瀬戸水産まで案内してくれた。どうやら「確認」の一時間には、瀬戸水産の川上の意向を尋ねるほかに、私が『文春オンライン』に書いた過去の記事のチェックも含まれていたらしい。

このようにして顔を合わせた川上が、気軽に口を開いてくれたのはすでに書いた通りだ。

身の上話はウソばかり

「ジエウさんは茨城県内で知り合った恋人に、岡山の会社では中国人の実習生からいじめられ、それを苦にして逃げたと話していたようです」

「そりゃあたぶん違うな。だって、ジエウがうちで働いとった年は、ベトナムの子しかおらんかったから。これは書類もあるから、間違いないよ。一年先輩のベトナム人に性格のきつい子がおったが、ジエウにつらく当たったりはしてなかったし……」

そう言う川上から、当時の技能実習生の受け入れ書類と、ジエウのパスポートやビザのコピーを見せてもらった。確かに二〇一五年当時の瀬戸水産では、ベトナム人しか働いていなかったようだ。

ジエウがボーイフレンドのカンに適当なことを話したと考えるしかないが、こんな小さなことまでウソをついていたのはなぜだろうか。ベトナムは中国と領土問題を抱えており、元海軍の国境警備兵だったカンは中国への警戒感情が強い。もしかしたら彼女はそれを利用したのかもしれない。

「ジエウが来た年は、ベトナム側の送り出し機関に問題があって、他の年より実習生の質がだいぶ悪かった。まだ覚えてるよ。ベトナム人の女社長の会社で、うちの先代（川上の父）がゴリ押しされて受け入れたんじゃ。でも、うちにジエウともうひとり、隣の会社にも二人が来よったけど、みんな女の子で合計四人、全員が逃げた」

ジエウは出国前に送り出し機関に、相場の倍近い一五〇万円近くを払い込んでいたとされる。彼女には技能実習制度の被害者という側面もあるのだ。とはいえ、ジエウはあまりにも無気力で勤務態度が悪かった。

「同期の他の子たちと比べても、一人だけタイプが違ったね。ベトナム側の送り出し機関の研修を受けた期間が長かったいうて、実習生にしては日本語が上手かった。漢字もいくつかわかるようで、日本の地名もよく知っとった。でも、あらゆることにいい加減で、わしらの言うことをなんも聞かんのよ。他人に無関心で、他のベトナム人とも打ち解けてなかった」

話を聞きつつ、机の上に置かれたジエウのパスポートのコピーに目を落とした。

発行は二〇一五年十二月十五日。写真に写っている約五年半前のジエウは黒髪で、顔もふっくらしており、牛久署の接見室で見せた痩せて黒ずんだ顔と同一人物とは思えない。ただ、名前と生年月日は間違いなく本人だ。当時の瀬戸水産ではベトナム名の読みがわからなかったらしく、余白の部分にボールペンで「テラン・ティ・ホン・ジョー」と書き込みがある。

「こういうのもある。あいつ『妹が埼玉にいます』言うて、妹の通帳にカネを振り込んだことがあった」

当時のジエウが送った四五万円の電信振替請求書のコピーだ。

この取材の前にフエン本人から聞いた話では、ジエウが瀬戸水産の実習生寮に Wi-Fi の接続環境がないと伝えたので、フエンがポケット Wi-Fi を郵送し、ジエウはそれを使って在日ベトナム人の脱走ブローカーと連絡を取って逃げたという。この四五万円の電信振替は、逃亡前に妹に預けた逃亡資金か、それとも妹を経由して脱走ブローカーに払い込んだ手数料だったのかもしれない。

ジエウに限らず、この集落ではほぼ毎年、一定数の技能実習生が逃亡している。近年はコロナ禍の影響と、各業者が、逃亡率が低いとされる男性実習生を多く雇うようになったことで数が減ったが、ジエウが逃げた二〇一六年ごろは集落全体で一年間に約一〇人が逃げていた。

村のなかでは「貯金が五〇万貯まると逃げる」と噂が流れていた。かつて多かった中国人たちは、逃げる前でも様子を変えなかったが、ベトナム人は逃亡を決めると明らかにテンションが上がるのでわかりやすいという。

「あいつもなあ。逃げる三日くらい前から、いきなり明るくなって、ニコニコしながら手際よう仕事するようになったんよ。『さすがにこれまでの自分を反省したんか』と家族と話し合うとったら、本人がおらんなった」

村から技能実習生が逃げるときは、バス停の近くに個人の荷物をこっそり隠しておくか、あらかじめ決めておいた逃亡先に荷物を発送する。とはいえ集落付近の郵便局やコンビニからは情報が筒抜けであるため、発送については別の会社で働く技能実習生の同胞にかわりにやってもらい、本人は職場に出勤してアリバイを作ることが多い。

集落外に出るバスは日没前にほぼなくなるうえ、顔見知りに姿を見られるリスクもある。なので、フェイスブックの不法滞在者コミュニティなどで知り合ったブローカーに車を出してもらって、夜中にそっと消える実習生が多いという。ジエウの場合は、他の実習生たちに「男とデートに行く」と偽の予定を告げ、夕方から夜にかけてブローカー経由で村から脱出したようだ。

「あいつは逃げる前に、他の会社のベトナム人の技能実習生たちからあれこれ理由をつけてカネを借りとって、五万円ぐらい持ち逃げしたと聞いとる。ただ、当時いちばん仲が良かった実習生の一人は『仲が良くても信用できない相手だから』いうて、五〇〇〇円しか貸さんかったらしい」

友人からもそう見られている人物だったのだ。

お茶を出してくれた川上の妻も言う。

「確かに変わった感じの子でしたよ。うちに来たときは二五歳だったんだけど、年齢相応のキャピキャピした女の子らしいところが、全然なかったんですよね。スレた感じっていうのかな。そういう子だったと思います」

技能実習生としては日本語能力が比較的高く、いちおう日本語で文章も書ける。ただ、性格は愛嬌がなく気怠《けだる》げで無責任、なんとなくスレた雰囲気を感じさせる――。外見こそ違うものの、川上夫妻が覚えている約五年前のジエウの人となりは、私が牛久警察署で会ったときの印象とほとんど違わない。彼女はもともとそういう人物で、場当たり的な行動を重ねた末に事故を起こして、人を死なせてしまったのだ。

来日の当初は真面目で純粋だった若い女性が、技能実習制度の矛盾や日本社会の労働問題に耐えかねて逃亡した末に道を踏み外した――。という記事にしやすいストーリーを、取材する立場として期待していなかったと言えば嘘になる。しかし、現実はもっと残酷で救いようがないものだったのだ。

川上が言葉を継ぐ。

「あいつは最近、茨城県で人をはねたというじゃろ。たしかに、人を殺してもへっちゃらで逃げそうなタイプじゃやった思うよ」

技能実習生の環境を変えた「江田島事件」

「……ところで、カキ打ち会社の一年って、どういうサイクルで回っているんですか?」

ジエウの話にやるせない思いがした私は話題を変えた。

「ええとねえ、いまの時期(五月)のカキは味が落ちとるから、食べるのには向かんね。今年のシーズンはもう終わりで、しばらくしたら来年の仕込みじゃや。七月には沖出しされていたカキ筏《いかだ》を修繕して、外にあるホタテの殻を来年用に準備しはじめる。それから八月にかけて、ホタテ殻を海に入れて採苗じゃや。あと、抑制筏を出す。カキが大きくなりすぎないようにわざと干からびさせる。九、十月になったら、台風の様子を見ながらカキ筏の沖出しをして、冬になったら収穫する。これがカキ屋の一年じゃや」

「収穫したカキは、たとえばどういうところで流通するんですか?」

「うちのカキは、冷凍になって兵庫県のほうにいくのが多いかな。スーパーで売られるよ。環境に配慮した持続可能な漁業は『MSC認証』いうて、世界基準の認定があって、うちのカキももちろん認証を――」

川上はもともと話し好きな人物だが、口調に熱がこもっている。このご時世に地元で家業を継承しただけに、「カキ屋」の仕事には深い愛着があるのだろう。

やがて川上は、自分からこんなことを口にした。

「カキ屋と実習生言うたら、例の江田島の事件な。いったい何したらああまでのことになるんじゃやと思ったけど、確かにこのへんでも事件前までは、実習生に一日中文句言って叱責する社長やら、厳しい会社あったもん。あの事件をきっかけに、いろいろ環境変わったところはあるよ」

彼のいう江田島事件とは、二〇一三年三月十四日に広島県江田島市江田島町切串で起きた男女八人の殺傷事件だ。当時三〇歳の中国人技能実習生の陳 双喜《チエンシュアンシイ》が、勤務先の川口水産の五〇代の社長と六〇代の女性従業員をそれぞれナイフとスコップで殺害、さらに会社関係者らに襲いかかり怪我を負わせた。その後の裁判で、弁護側は事件の背景に技能実習制度の問題点があることを指摘したが、広島地裁の裁判官は事件との関係性を認めず、陳に無期懲役を言い渡す。検察側と被告側の双方が控訴しなかったことで、そのまま刑が確定した。

事件については、かつて早稲田大学大学院政治学研究科のジャーナリズムコースに在籍していた私の知人の中国人女子留学生が、大学院の修了作品としてルポルタージュを書いている（未公刊）。彼女が中国遼寧省の農村部にある陳双喜の故郷を訪ね、さらに獄中にいる陳との文通や裁判記録の閲覧をおこなったところでは、陳の複数の親族が精神疾患を患っていた（陳の父は自殺している）とみられたほか、陳自身も「テレビは監視カメラだ」「実姉と性交していた」と何度も述べるなど不可解な言動が目立ったという。また、中国に残した陳の妻は男性関係がだらしなく、夫婦の折り合いは悪かった。

つまり、江田島事件は、必ずしも技能実習制度の欠陥や川口水産の労働環境の悪さが主たる要因ではなく、陳の内面的な問題が影響していた可能性が高い。技能実習生が社長と社員を殺害するという衝撃的な事件だったにもかかわらず、大手出版社からのルポルタージュが現在まで一冊も刊行されていないのも、おそらくこうした事情ゆえだ。

ただ、事件が世間にあたえたイメージは異なる。

川口水産がカキ打ち業者だったことで、「カキ屋」は技能実習制度の矛盾を煮詰めたブラック職場の象徴のような印象を持たれることになった（事実、技能実習生の監理団体関係者に尋ねても、カキ打ちが薄給激務のしんどい仕事なのは間違いなさそうだが）。また中国国内では、江田島事件は悪い日本人によって奴隷労働を強いられていた中国人労働者による痛快な反撃としてとらえられ、ネット世論の一部では犯人の陳双喜を英雄視する意見すら出た。

すくなくとも、江田島事件は同業者の間では大きなタブーだろう。だが、川上は自分から話してくれた。理由は彼がほぼ同世代の私を信用してくれたらしいことに加えて、誰かに伝えたくて仕方がないと思うほど、興味深い現象が身辺で起きているからであるようだ。

「最近、中国から来る若い子は、おかしい子が多いのも確かなんじゃや。この間まで隣の会社にいた男の子もそうで、『ワタシの何がわるいんですかあ！』『社長と奥さんがワタシの悪口を言っている！』とか言い出してね。江田島の事件みたいに、変に刺激してもしものことがあったら困る言うて、みんなそっとしてたよ。あの子は途中で辞めたかな」

川口水産があった江田島市の切串集落と、瀬戸内市のこの集落は、県こそ違うものの同じ瀬戸内海の沿岸部だ。湾に面した地形、幹線道路や鉄道からの遠さ、盛んなカキ養殖など共通点も多い。当然、事件の本当の理由についても、口伝てにある程度は伝わっている。

「そういえば一昨年、うちにいた中国人の男の子も変じゃったわ。来てから『こんなはずじゃなかった。なんでこんな仕事やるんですかー』て聞きよる。僕が『学びながらカネもらえるいう話聞いとるじゃろ』と言ったら『中国の業者に、日本行くだけで毎日寝てても月に一五万円もらえると聞いた』

と。本国で騙されたんじゃろうけど、常識的に考えてそんなうまい話、ないよ」
この青年も一ヶ月ほどで逃げたという。

高齢化する中国人実習生

近年、技能実習生業界の主役は、中国人からベトナム人に完全に置き換わった。最大の理由は、中国の経済発展だ。

出国前に多額の借金を背負い、日本国内で職業選択の自由や移動の自由もほぼ与えられないまま三年間の低賃金労働を強いられる制度は、いまや普通の中国人なら選ばない。江田島事件によって中国での評判が悪くなった「カキ屋」の仕事ならなおさらだ。

それでもやってくる中国人に多いのは、本人の学力も実家の経済力もなく、人付き合いも苦手なタイプの、中国社会でうまくいかない地方出身の若者たちである。往年のハングリーな中国人と違って、甘く打たれ弱いが権利意識が強い――。つまり、雇いにくさの点では一昔前の日本の若者とそれほど違わない人たちだ。

「一昨年の子もな、中国人なのに漢字もろくに書けん。地頭もよくないタイプだから仕事も覚えられん。僕らが困っていたら『会社に不当な扱いを受けています』言うて、労基にいきなり通報する。うちみたいな小さい会社、実習生をいじめて来なくなるほうが困るよ。事情を説明したら労基はわかってくれたけど、その子は今度は『中国大使館に行きます』言い出す。技能実習生の監理団体は何もしてくれん。もう勘弁してくれと……」

現在も日本に来る中国人技能実習生には、別のパターンもある。

「仲介業者から、三年働けばお金を五〇〇万円稼げると言われたんですよ。それで、詳しいことはなんにも調べないで来てしまって。実際のところ、月給は閑散期だと一一〜一二万円くらいで、繁忙期だと一八〜二〇万円ぐらいです」

私にそう答えたのは、女性の中国人技能実習生・佟海燕《トンハイイエン》（仮名）だ。二〇二一年の瀬戸水産では、ベトナム人の男女四〜五人と、佟を含む中国人女性二人が働いていた。ベトナム人はいずれも二〇代、中国人は四〇代だ。

佟は川上から直接紹介されたのだが、中国語で会話ができたので、勤務の感想や待遇についても遠慮なく尋ねることができた。

「極端にひどい環境じゃないですが、仕事はきついし割に合わないと思いますよ。でも、稼ぐために村を逃げて黒工《ヘイゴン》（不法就労者、中国版のボドイ）になるようなトシでもないですし、私は実習期間が明けるまでここで働きますけどね」

佟は私よりも二歳年上の一九八〇年生まれだ。出身地は中国東北部（旧満洲）、遼寧省の北朝鮮国境の街である丹東市《ダンドン》で、なんと満族《マンズゥ》（満洲族）である。故郷に高校生と幼稚園児の二人の子どもを残して、日本に働きに来た。

「ベトナムの子たちは、若いですよねえ……。しょっちゅうパーティーなんかをやって騒いでいますけど、よく体力もつなあって。私たちは、たまに友だちと餃子を焼くぐらいですよ」

佟によると、前年（二〇二〇年）に中国人技能実習生は集落全体で一三人いた。そのなかで、彼女が「いちばん年下」だったという。多くの実習生たちは四〇代後半なのだ。

技能実習制度のタテマエは、「技能、技術又は知識の開発途上国等への移転を図り、開発途上国等の経済発展を担う『人づくり』に協力すること」（厚生労働省）だが、いまや中国から来て普通に働いてくれるような人材は、若者とはほど遠い年齢層の労働者に偏りつつある。

「よその会社じゃけど、中国人の実習生から『天引きの金額が高いです。なぜ』とクレームが来た。それで社長が明細を見せて説明したんよ。これ、（四〇歳から払わなくてはならない）介護保険料じゃ、て」

川上がそう言って苦笑した。

居心地はいいが暮らしにくい「イエ」社会

「……びっくりするほど、いい人たちだったね」

「そうでしたねえ」

私は瀬戸水産を辞去し、自動車で集落を出てからチー君とそんな話をした。

本来、技能実習生がらみの問題では、受け入れ先の会社や監理団体の関係者がマスコミを極度に嫌うことが多い。もっとも、それも当たり前だ。たとえ会社側に大きな落ち度がなかった場合でも、取材する側は「かわいそうな外国人労働者」という構図に話を落とし込んだほうが記事や番組を成立させやすい。ゆえに、会社側にメリットがある報道はまずなされない。

なのに、集落で出会った人たちは漁協の男も川上夫妻もみんな親切だった。相手を丸め込んで都合のいい記事を書かせようとするような、世故に長けた打算の匂いもまるで感じなかった。

その理由は、彼らがメディア慣れしていないことや、報道への警戒心よりも「東京の文春の記者」への好奇心が勝ったこと、加えて問題の中心にいるジエウが「悪すぎる」人物だったことも関係しているだろう。ただ、集落の人気《じんき》が良好だったことも大きい。岡山県は晴れの日が多くて人の性格が明るいというが、まさにその通りだと思わせる「いい村」なのだった。

——車窓に夕暮れ時の瀬戸内海が見えた。

車を停めて降りてみる。空に雲はすくなく、初夏の海風が心地良い。

波は穏やかで、傾いた陽の光に照らされた水面に、カキ筏がいくつも浮かんでいる。いつまでも眺めていられそうな景色だった。

「でも、外からあの村に入って、暮らすのは相当しんどいよ。俺なら無理だと思う」

郡山が言う。こちらも同感だった。

さきほど、取材後に集落のなかを自動車で見て回っていると、犬の散歩をしている川上夫妻と出会った。練馬ナンバーの私の車が目立つこともあり、川上はすぐに私たちに気づいて片手を上げてみせ、私たちも窓を開けて礼を述べながら頭を下げた。

やはり感じの良い人たちだった——。が、三方を山、もう一方を海に囲まれ、集落の外に出る道も限られたこの村では、個人の何気ない行動まですべてが他の住民に筒抜けになることも容易に察せられた。川上が「他の会社」の技能実習生の様子にあれだけ詳しかった理由も、つまりは集落がそれを可能にする環境であるからだ。

集落と同名の姓は、古く戦国時代の記録にも見える。この集落の住民たちは、おそらく誰もがうっすらと血のつながりを持ち、過去五〇〇年近い歴史を共有している。いわば小さな湾を中心とした集落全体が、ひとつの大家族のイエに近い。ちなみに私の母方の地元も、やや似た特徴を持つ東北の山村であり、ある程度は肌感覚の想像がつく。

大家族のイエでは、自分の日常的な行動については他のメンバーから強い関心を持たれない。だが、個人の生活習慣や生理現象、外部との交流（電話の音声など）については常に他者にうっすらと把握されており、プライバシーが守られているわけではない。食事の習慣や正月の過ごしかたのような、イエ全体でなんとなく共有している不文律をあえて破る行為も、他のメンバーから強い非難を受ける。

もっとも、こういうイエはそこで育った人にとっては、多少の不自由さはあっても居心地のいい空間だ。また、一時的に客として訪れた場合でも、「いいイエ」であればホスピタリティにあふれた歓待をしてもらえる。

だが、外部の人間がそのなかで生活するとなれば事情は違ってくる。

瀬戸水産の集落にしても、あの場所と地理的・文化的にごく近い地域の出身者でなければ、長く暮らすのはつらいのではないか。言葉すら通じない外国人となればなおさらだろう。

二年半、集落の外にほとんど出ていない

日没後、私たち三人はひそかに再び集落へと戻った。

この村は夜がはやい。街灯がすくないこともあって、路地は暗がりが多く、打ち寄せる波の音と漁船がきしむ音が大きく聞こえた。はじめ、湾の真ん中の桟橋の先でフィリピン人らしき労働者たちが二人でなにか話をしている姿が見えたが、しばらく経つといなくなっていた。

戦国時代からの歴史ある漁村の路地を行き交う、ノンラー（ベトナム式の編み笠）姿のベトナム人技能実習生たち。現代の日本の地方社会を象徴する光景でもある。

上弦の月まであと一夜である。月明かりを頼りに、足音を消して夜の漁村を歩いた。私が右手にぶら下げているのは、集落外のコンビニで買った六缶セット×二の缶ビールだ。集落のなかで室内の光が漏れ出ている家屋を見つけるたび、たたずまいを細かく観察する。

昼間、川上からは詳しい話が聞けた。また、瀬戸水産で働く中国人技能実習生には私が、他のベトナム人技能実習生にはチー君がそれぞれ母国語で話しかけ、待遇や職場環境についてある程度の情報を聞き取っていた。

しかし、いくら外国語での会話とはいえ、取材時の私たちは社長の川上から紹介された立場である。茨城県で事故を起こしたジエウが働いていた環境を、もうすこし別の角度から理解しておきたい。そもそも、現在の瀬戸水産が感じのよい会社だったとして、別の会社の事情はまだわからないのだ。

「あつ、この家。たぶん当たりでしょう」

チー君が家屋のひとつを指差して小声で言った。

見上げると、二階の窓の外に洗濯物が何着も干されていた。ベトナム人労働者は夜間や雨の日でも外に洗濯物を干しっぱなしにしがちである。

さらに建物の玄関先に回ると数台の自転車があった。本来なら自家用車なしでは生活が難しい地域なのに、大人用の安物の自転車が出入り口に複数停められている家屋は、技能実習生の寮である可能性が高い。

「よし、やろう」

突撃を決めてインターホンを押すと、屋内でトタトタと足音がしてからドアが開いた。調理中のフォーの匂いが漂ってくる。ビンゴである。玄関先に引っ掛けられたノンラーをバックに顔を出したのは、部屋着姿の二人の若い女性だった。

「ここは、カキの養殖会社の技能実習生の女子寮?」

「そうです」

チー君が尋ねてみると、女性の一人が昼間の瀬戸水産とは別の社名を口にした。

さすがに夜間に女子寮に上がり込むわけにはいかないので、自分たちの訪問目的を明かしてから玄関先で話を聞く。

「私たちの仕事? 女の子は海に出なくていいだけマシだけど、忙しいときは深夜一時から働くんだ。きついし、しんどいよ。全然、割に合わない」

会社が違うためか、周囲に他の日本人がいないためか。夜分にいきなり訪問した初対面の私たちに対して、彼女らはためらわずに職場への不満を喋った。

「うちの社長はすごく厳しい人。日本に来て二年半、集落の外にはほとんど出ていないよ」

「最近、このあたりで逃げた実習生はいましたか？」

「最近は新型コロナウイルスが流行っているから、すくないみたい。私たちもさすがに逃げる気はないよ。逃げるといろいろリスクもあるし、大変だから……」

夜間の立ち話は人目につく。短い会話で切り上げざるを得ない。彼女たちから同じ会社の男子寮の場所も教えてもらい、そちらへ移動することにした。

「Anh ơi!」（お兄さーん！）

男子寮は二〇〇メートルほど離れた路地にあった。もともと社長の親戚の家だった建物を、老朽化したので技能実習生寮に転用したらしい。玄関はそれなりに立派な外見だったが、施錠されていない扉を開けると、かかとを履きつぶした染みだらけのスニーカーが数足、ろくに揃えられずに散らばっていた。上がり框を入ってすぐの場所には、カップラーメンやコメが入った段ボールが置いてある。

「Ai vậy? Tới đây làm gì??」（誰？ 何しに来たの??）

やがて、髪を茶色に染めたベトナム人男性が顔を出した。さすがに驚いている。

月七万円じゃあ、お金は貯まらないよ

私たちが来意を説明し、缶ビールを目の前に突きつけると、茶髪の青年はあっさりと家に上げてくれた。現在、この寮で暮らしている実習生は三人らしい。彼らの年齢は二〇～三〇代で、たまたま全員がベトナム中部の出身だった。いずれもTシャツとステテコ姿で、細身ながら筋肉質の体型、肌は

Soichiro Koriyama

寮に上げてくれた技能実習生たち。ちょうど魚を煮て自炊中であり、ビールをあげると喜ばれた。

日焼けしている。漁村での肉体労働のたまものだろう。

「自分たちの運命は受け入れているけれど、もちろん不満がある。たとえ、お前たちが記者でも警察でも、なんでも喋ってやるぜ」

女子寮の同僚たちと同じく、彼らの口も軽かった。

汚損のひどい家屋のなかは、古い家に特有の異臭と、トイレから漏れ出すアンモニア臭、さらに生ゴミの臭いと男たちの体臭が混じっており息苦しい。私がこれまでの取材で見た、実習先を逃亡したボドイたちが集まり住む家と、環境はほとんど変わらないように思えた。

ダイニングに敷かれた銀色のビニールシートの上に車座になり、缶ビールを開ける。

ここからは会話形式で書いていこう。彼らの意見はほぼ異口同音であり、三人の人格を一人に統合する形でまとめていく。

——出国前に作った借金はもう返せましたか？

「まだだ。三人とも出国前に一〇〇万円ほど借金を作ったんだが、働きはじめて一年半は借金を返すだけで精一杯だよ」

——ここの給料はどうです？

「冬は繁忙期だ。早朝から冷たい海に入って肉体的にはキツいけれど、月一八万円くらいもらえるからいい。だが、カキを育てる夏の時期は一日五時間くらいしか仕事がなくて、月七万円なんて場合もある。これじゃあカネは貯まらないよ。稼ぐために日本に来たはずなのにな」

——日本に来る前は何の仕事をしていたんですか？

「水産とは無関係な仕事をしていたやつが多い。俺は漁業関係だったけれどな。とはいえ、カキ打ちの『技能』がベトナムで役に立つとは思わない。ベトナムでもカキは食べるが、水質が違うし、養殖の方法も違うだろう。ここで学んで得られることは何もないさ」

——この村についてはどう思いますか？

「好きじゃないよ。当たり前だろ。何もないんだぞ？」

——朝夕は自炊ですよね。買い物はどうしているんです？

「月に一〜二回、社長が集落の外にあるスーパーに連れて行ってくれる。ただ、新鮮な果物はすぐに腐ってしまうんだ。次回のスーパー行きまで、果物なしで暮らすのはつらい。あと、酒もあまり買えないから、同僚とのパーティーもあまりできないな」

補足して解説すると、ベトナムやフィリピンなど東南アジア各国の人は青果物の消費量が多く、毎日のように食べる習慣がある。いっぽう、日本の青果物の消費量はアジア平均・世界平均を下回る。新鮮な果物が食べられない環境は、日本人が想像するよりもしんどいのだ。

加えて、ベトナムの若者は多人数で集まって飲み食いすることを好む。瀬戸水産の中国人技能実習生の佟は、ベトナム人実習生たちはよくパーティーを開くと話していたのだが、彼ら自身に言わせれば、酒を自由に買いに行けない環境なのでまだ不足らしい。

もっとも、彼らの勤務先の社長はどうやら、実習生たちを車でスーパーに連れて行ってあげることを、むしろ優しいサービスだと考えているようであった。

——ベトナム人の若い人にはしんどいですよね。買い物も社長同伴では、気晴らしができないでしょうし。

「ここはベトナムよりも暮らしが悪い場所だ。ベトナムなら小さな集落でも売店や食堂くらいはあるのに、ここには何もないんだから」

——この家（技能実習生寮）と、みなさんのベトナムの自宅の環境を比較するとどうですか。

「この家は、家賃はすごく安いけれど、すべての面でベトナムより劣っている。狭いし、汚い。夏にここの二階の寝室にあがってみろ。クーラーがないから暑くて死にそうだ。社長にお願いしてもつけてくれないんだよ。いまどきのベトナムの家なら、普通はクーラーぐらいある」

——ほかに文化のギャップを感じることはありますか?

「日本人は怒るのが大好きだ。人前でどなりつけてくる。俺たちは雇われている身だから受け入れるしかないのは理解しているが、他人の前で恥をかかされると腹が立つよ。怒られるのが嫌で逃げるやつが出ても驚かないね」

——逃亡を考えたことはないんですか?

「一応は〝ない〟かな。仕事が終わる時間には、集落外に出る終バスの時間を過ぎているし、日本語でタクシーを呼ぶことも難しい。いまはコロナで仕事がないから、どっちにしても逃げたりしないんだけれど、仮に逃げようと考えても、この集落から簡単に出る方法はない」

——なるほど……。

「もし、あんたが雇ってくれるっていうなら、いまからでも大喜びでついていくよ。俺たちをここから外の世界に連れ出してくれないか?」

茶髪の若者が笑った。冗談めかしているが、ほぼ本音に近いはずだ。

出国前に一〇〇万円以上の借金を抱えているのに、日本での仕事は季節によっては月給が七万円、クーラーもない部屋で寝て、果物やビールを一人で買いに行く程度の自由もない。ジエウのようなトラブルメーカーではなくても、逃げたくなるのは当たり前だろう。

だが、閉鎖的なこの村でベトナム人を雇用する側の人たちに、彼らを追い込んでいる自覚はない。

「ソトの人間（外国人）にとって集落の環境はしんどい」という認識を、正確に持てている人はそれほど多くないはずである。

「見ろよ。俺たち、動画に出てるんだ」

彼らの勤務先の会社が、最近になってYouTubeに公開した宣伝映像である。見覚えのある湾を出港した漁船が波間を滑るように沖に出て、やがてクレーンがカキを持ち上げる。水揚げされたカキはベルトコンベアに載せられ、やがて工場で殻を剝く女性たちが映る。五〇～六〇代に見える船長や、カキ殻を剝くおばさんたちに混じって、若い男女が働いていた。いま私が会っている三人を含めて、若い労働者たちはすべてベトナム人だ。

彼らの会社で獲れたカキも、大阪や名古屋の大手スーパーに出荷されるという。私たちが惣菜コーナーの特売でカキフライを買って安く食べられるのは、瀬戸内海の漁村で働くベトナム人たちの過酷な労働のおかげである。

瀬戸内海の景色は風光明媚なことこの上ない。思わず頭のなかで「いい日旅立ち」が流れ出しそうな、もしくは新海誠の青春ジャパニメーションの舞台に選ばれそうな――。つまり、私たちの心を打ってやまない古き良き美しい日本がここに存在していることも確かであった。

この集落で話を聞いて回っていると、あらゆるものが根深い構造的問題を抱えている気がする。しかし、絶対的に悪い人間がいるかとなれば――。いや、茨城県内で服役中のジエウは、残念ながら

「悪い」と結論づけざるを得ない気がするが、他に悪質な人物はどこにも存在しない。息を呑む絶景と素朴で優しい人たち、そして美味しい食材。

これらの最もうるわしき日本の姿と並行して、ベトナム人技能実習生が織りなす『蟹工船』さながらのストーリーが展開している。

令和の日本のプロレタリア文学は、あまりにシュールでナンセンスではあるまいか。

第3章

シャブ・刺青・おっぱい
――ウーバーイーツ配達青年の青春

「これまで僕、働いたのはファミレス、コンビニー、工場、居酒屋。ヤクザのところで廃品回収したこともあります。でも、僕はウーバーイーツがいちばん、向いてますねー」。ウーバー君は今日も食べ物を届ける。

Minetoshi Yasuda

ネトゲカフェに屯《たむろ》するボドイたち

cầu thang chung
không hút thuốc

ベトナム語が読めなくても、張り紙の意味は想像がついた。文字の下に禁煙マークと、英語で「NO SMOKING」と書かれていたからだ。よほど、このビルの階段部分でタバコを吸う人が多いのだろう。

「四階あがります。いつもね、僕、ここにいます。楽しい場所だから」

ウーバー君が日本語で言った。「レ」という姓の人物だが、私は彼をウーバー君と呼んでいる。理由は簡単で、最初に出会ったときにフードデリバリーアプリ『ウーバーイーツ』の配達員として生計を立てていたからだ。

ウーバー君はハノイ市内の生まれで、取材時点（二〇二一年六月）で二一歳。二〇一八年に来日した留学生だったが、バイト三昧で出席日数が足りず日本語学校をドロップアウトした。とはいえ若くして日本に来たこと、同年代の日本人が多い職場でアルバイトをしていたこと、過去には真面目に勉強をしていた時期もあったことなどから、語彙力は弱いものの自然な発音の日本語を話す。

茶色の髪と黒縁メガネ、宮川大輔をスマートにしたような外見で、話をしなければ日本人のように

Soichiro Koriyama

ウーバー君のタトゥーはどんどん多くなり、本書の取材の9ヶ月後にはついに喉元全体を覆うようになった。革ジャンの下に着たTシャツに描かれている、かわいい動物柄とのギャップが激しい。

見える……が、服をめくってもらったところ胸元にタトゥーが入っていた。巨大な美少女ゲームキャラクターがプリントされたオタクっぽいTシャツと、いかついタトゥーのギャップがすごい。しかも、愛用の擦り切れたサンダルはキティちゃんデザインだ。

そんなウーバー君の後について階段を登る。なんと、私の当時の仕事場の最寄り駅である、山手線の上野〜田端間にある某駅から徒歩一分。隣にマクドナルドがある雑居ビルだ。

——ガチャ。

ベトナム語の店名が出ているドアを開けると、緑色の安っぽい合成皮革張りのゲーミングチェアと、ヘッドホンとデスクトップパソコンがぎっちり並んだ部屋が広がっていた。黄ばんだ古いクーラーがタバコ臭い空気を攪拌《かくはん》している。部屋の壁は真っ黒に塗られ、窓にも黒い紙が貼られていた。室内にいれば昼夜の変化を感じられないだろう。部屋の隅には空き缶と空きペットボトルでぱんぱんに詰まった四五ℓの半透明ゴミ袋が複数と、大量のビニール傘と乱雑にたたまれた段ボールが置きっぱなしになっている。

中国の地方都市や東南アジア諸国に行き慣れている者には、お馴染みの光景だった。現地のインターネットカフェそのままなのである。この手の店で、電子メールの送信やレポートの作成などをおこなう人はまずいない。利用者の圧倒的多数はオンラインゲームが目的だ（なので、日本で格安宿泊施設としても使われる普通のネットカフェと区別するため、ここからは「ネトゲカフェ」と呼ぼう）。

アジア各国のネトゲカフェは、一昔前の日本のゲームセンターと雀荘とパチンコ屋を混ぜて三で割ったような存在である。タバコの煙にまみれ、ジュースをガブ飲みしながらインスタント麺をかきこんでの徹夜プレイは当たり前、ちょっと不健全な若い男たちの遊技場にして社交場だ。

「僕たちですねー。みんな、ここで遊びます。『リーグ・オブ・レジェンド』（lol）は世界最高のゲームですから」

lolはアメリカのライアットゲームズが開発したオンラインゲームだ。全世界に普及しており、eスポーツのタイトルとしてもしばしば選ばれる。

このネトゲカフェの滞在費は一時間わずか一〇〇円である。ウーバー君たちは普段、ここでタバコを吸いながら仲間とだべって延々とゲームをプレイし、スマホが鳴ると階下に降りて隣のマクドナルドに向かう。そしてアプリでオーダーされた食事を受け取り、ウーバーイーツ配達をおこなって小銭を稼ぐのだ。

ヤニまみれのディスプレイの向こうに広がる広大で刺激的なヴァーチャル世界と、マクドナルドからウーバーイーツを届け続けるリアルの日本社会をいったり来たり。これがウーバー君たちの毎日なのだった。

サイバーパンクな日常

かつて二〇一七年の初夏、私は中国の「ネトゲ廃人村」を取材したことがある（『さいはての中国』小学館新書）。

広東省深圳《シエンジエン》市郊外の龍華《ロンホア》区には、シャープの親会社としても知られる台湾の巨大ＥＭＳ（電子機器受託生産）企業・鴻海《ホンハイ》（富士康《フーシーカン》）をはじめ、世界各国のハイテクメーカーの工場が数多く集中している。そして、これらに短期労働者を送り込む人材仲介所・三和人才市場《サンホオレンツァイシーチャン》（当時）付近の景楽新村《ジンラーシンツン》に、中国各地から集まった若者たちがスラムを作っていたのだ。

彼らは「三和ゴッド」（三和大神《サンホオダーシエン》）と呼ばれていた。近所のハイテク工場で数週間程度スマホを組み立てるなどして小金を得て、あとはカネが尽きるまで朝から晩まで闇営業の格安ネトゲカフェに入り浸ってオンラインゲームに興じたり、性交一回が日本円で一〇〇〇円にも満たない場末の売春婦を相手に欲望を満たしたり、バクチを打ったりと、刹那的な暮らしを営む人々である。

三和では「一日働けば三日遊べる」が合い言葉だった。飲む打つ買うという前近代的な男性短期労働者のライフスタイルと、iPhone の製造を含む最新技術の粋を集めたハイテク工場の労働、さらにオンラインゲームへの傾倒という取り合わせの妙味から、中国のネット上では「中国版サイバーパンク」という異名もあった。

当時、私は現地で数人の三和ゴッドと知り合っている。彼らのなかには過去に上海で lol の eスポーツ選手候補として育成された経験を持つ男がおり、工場労働のほかに他のプレーヤーへのコーチや「代打ち」で小銭を稼いでいると話してくれた。

Soichiro Koriyama

新大久保にあるベトナム人向けネットカフェ（本文に登場した店舗とは別）。扉を開けた瞬間から、その内部は完全にベトナムの「意識の低い」若者空間である。

あの三和ゴッドたちがいた場所は、東京から三〇〇〇キロ近く離れた中国広東省だ。しかも、三和人才市場は取材後の二〇一九年ごろに移転したらしく、加えてその後のコロナ禍と地元政府の浄化政策によって、いまや三和ゴッドの数は激減したとも言われている。

——だが、世界は思ったよりも狭かった。

lol、ウーバーイーツ、マクドナルド。

なんと自分の仕事場からママチャリで取材に向かえる場所に、本家の三和ゴッドに勝らぬとも劣らないサイバーパンクな日常を送る在日ベトナム人たちの一大拠点が存在していたのだ。

「あ。注文、きましたー」

ウーバー君がスマホを見せてくれた。ネトゲカフェのビルを出て隣のマクドナルドで商品をもらい、配達バッグに入れて自転車を漕ぎはじめる。私も自分の自転車で後を追った。

やがて隅田川の方角に二キロほど走ってから自転車を停め、ウーバー君はあるマンションのエントランスに吸い込まれていった。五分ほどして、配送を終えて出てくる。

「これまでに僕、働いたのはファミレス、コンビニー、工場、居酒屋。ヤクザのところで廃品回収したこともあります。でも、僕はウーバーイーツがいちばん、向いてますねー」

「なんでそう思うの？」

「だって、『今日は休みたいだなあ』『めんどくさいだなあ』。こう思うときは休めるでしょ。あと、うるさい日本人の上司いません。週払いでおカネもらえます。とてもいいねー」

ボドイとフードデリバリーサービスは相性がいい

現代の都市生活において、もはや欠かせない存在となりつつあるのがフードデリバリーサービスだ。もともと、二〇一〇年代前半からアメリカのウーバーイーツや中国の美団《メイトウワン》外売《ワイマイ》などが各国でスタートさせ、日本にも二〇一六年からウーバーイーツが上陸、また国内企業の出前館も似たような配達サービスを展開するようになった。

だが、日本で需要が一気に伸びたのは、二〇二〇年春からの新型コロナウイルス流行にともなう、生活様式の変容だ。食事どきに保温カバンを背負って自転車を漕ぐ配達員たちの姿は、いまや都市部ではすっかりおなじみの光景になっている。

他ならぬ私も、コロナ禍以降にフードデリバリーサービスを利用するようになった。やがて、しばらく使ううち、外国人の配達員がやけに多いことに気づいた。

なかでも目立つのはベトナム人で、二〇二一年はじめごろは、都内でウーバーイーツを注文した場合には体感で配達員の二〜三割が彼らだった。メッセージ機能を使って来る方法を指示するときに、Google翻訳を使ってベトナム語でメッセージを送ると、非常に喜ばれるのが常だった。

仕事の発注元と継続した雇用関係を持たず、スキマ時間に単発で働くギグワークは、外国人労働者と相性がいい。語学力があまり必要なく、スマホと自転車さえ調達できればいつでも働きはじめられた（当時）からだ。

——彼らに取材してみよう。

そう思って集英社の『週刊プレイボーイ』編集部に相談すると、あっさりＯＫが出た。ちょうどそのとき、茨城県で死亡ひき逃げ事故を起こしたジエウの妹のフエン（第1章参照）から「しごとないです」とフェイスブックメッセンジャーで相談がきたので、彼女にフードデリバリーサービスについて尋ねてみた。

「Uberは、わたしのともだちやりました。ビザないも。3年」

つまり、フエンの友人の女性ボドイが、不法就労状態で過去に三年間も配達をおこなっていたというのだ。

フードデリバリーや民泊、シェア自転車など近年定着したＩＴ系サービスの多くは、アメリカ西岸の性善説的なカルチャーが根幹にある。サービスの開始当初は、安全性や法的リスクなどのさまざまな問題についてはざっくりした姿勢のままで見切り発車をおこない、そこから発生した個々の問題を解決することでサービスを洗練させていく。ひとまずベータ版のシステムを運用し、バグが見つかるたびに修正パッチを当てて品質を向上させるソフトウェア開発のような方法だ。

ウーバーイーツの日本法人も、当初は外国人労働者の参入におおらかな姿勢だった。フエンと話してからしばらく後の話だが、二〇二一年六月二十二日にウーバーイーツジャパン社と、同社の代表社員とコンプライアンス担当の女性二人が、入管難民法違反（不法就労助長）の疑いで東京地検に書類送検されている。警視庁は過去三回にわたり、ウーバーイーツ側に外国人配達員の在留カードの真贋のチェックや本人確認の徹底を申し入れてきたが、改善される様子がなかったため強行措置に踏み切ったとされる。

逆に言えば、この書類送検までは、ボドイがウーバーイーツで働く事例が無数にあったということだ。フエンは言う。

「Uberは、2017年（筆者注、実際は二〇一六年）にはじまるますでしょ?・」

「ともだちビザかりましたよ」

在留カードを人に借りて、そのコピーを提出するだけで就労できていたようだ。

ぜひ、三年も働いたボドイ配達員に取材したかったが、そもそも本人を知るフエン自身が気まぐれな人物で、自分に利益があるときしか私と関わってくれない。彼女経由で取材先を開拓するのは難しそうだった。

だが、このときフエンから他に興味深い情報を聞いた。フェイスブック上にベトナム人ウーバーイーツ配達員のコミュニティが存在するというのである。

そこで探してみると「Uber Japan－ベトナム」という参加者数約二・七万人（当時）のコミュニティを見つけたので、チー君の助けを借りて取材依頼を書きこんでみることにした。私は日本のジャーナリストであり、コロナ禍のなかで配達員として働くベトナム人から話を聞きたい……といった内容である。

ネット向けのくだけた文体を工夫したことと、瀬戸内市の技能実習生（第2章参照）たちとの宴会写真をアップロードしたのが功を奏したのか、七〇件以上もコメントが付いた。もっとも、これらのうちで一〇人程度と直接メッセージをやり取りしたところ、多くはフエンから教えてもらった話と似たりよったりだった。また、大阪や名古屋など遠方に住む人も多かった。

しかし、そのなかで日本語の書き言葉が比較的しっかりしていて、すぐ近所に住んでいる人がいた。ウーバー君である。

出前館よりウーバーイーツ

「ウーバーイーツの仕事、二〇一八年ぐらいから知っていますけど、最初怪しいと思った。だから、僕はしませんでした。でもコロナ流行ってから、伸びてる。友だちも稼いでる。だから、はじめました」

待ち合わせ場所である西日暮里前のルノアールで、彼はそう語った。ウーバー君がフードデリバリーの仕事をはじめたのはこの取材の三ヶ月前。最初は他の仕事と掛け持ちしていたが、前月（二〇二一年五月）から配達一本に絞ったという。

ウーバー君の日本語は文字にすると不自然だが、発音がいいので顔を合わせて喋っているとあまり違和感がない。先にも書いたが、彼は黒縁メガネで日本人のような見た目——。というより、私の高校時代の友人のひとりと、外見と声が非常によく似ていた。なので他人のような気がしない。

彼は性格が幼く危なっかしいが、人懐っこくて機転がきく。これまで取材した在日ベトナム人のボドイたちは、ものを何も考えていないように見える無軌道な人か、自分の利益にしか関心を持っておらず気詰まりを覚えさせる人の二パターンが多かったが、ウーバー君はどちらでもなさそうだ。年上の日本人からも、かわいがられるタイプだろう。

「僕は他の人よりいっぱい配達しますよ。一週間で三万円か四万円になる。がんばる日は、一日に二〇件くらい、三〇キロぐらい走る。自転車で」

彼の在留資格は、コロナ流行による帰国困難を理由とした「特定活動」だ。留学生上がりの特定活動者は、学生時代と同じく週に二八時間しか就労が許可されないのが悩みどころである。

「たくさん儲けるための工夫はある？」

「僕、あまり難しいことは、考えない。でも、近所に配達するの儲けやすいですから。だいたい二キロの範囲で配達するよ」

ウーバーイーツの配達員は、アルバイトではなく個人事業主として業務委託契約の形で働く。配達一件あたりの報酬は三〇〇円程度（取材当時）という場合も多い。インセンティブが加わることもあるとはいえ、たとえば競合する出前館の報酬が配達一軒あたりで七〇〇円以上（関東圏、取材当時）なのと比べると、かなり安い。

「なんでウーバーイーツなの？」

「出前館、面接落ちた。僕は日本語へたと思われましたね」

「君くらい日本語ができる子でも落ちるのか？」

「まわりがうるさい店で、面接で、相手の言葉がよく聞こえないですから、言葉がへただと思われました。出前館のほうがお金いいのに、残念」

「ウーバーイーツのほうが採用の基準がゆるいの?」

「はい。ウーバーイーツのセンター行って、在留カードとパスポート見せる。それから四八時間審査して、働ける」

私がフエンから聞いた「他人の在留カードのコピーを提出する」というボドイ就業の裏技が通用したのは二〇二〇年までだった。とはいえこの取材の時点では、まだ出前館よりもウーバーイーツのほうが、大多数のベトナム人労働者にとっては働きやすかった。

「群馬の兄貴」と「栃木の兄貴」

「ところで君、〝群馬の兄貴(Anh Cả Gumma)〟は知ってる?」

私は話題を変えた。ウーバー君は通訳抜きで会話ができるので、他の事件の情報も得ようと思ったのだ。ちなみに群馬の兄貴とは、群馬県太田市に住んでいた三〇代後半のベトナム人男性で、二〇二〇年十月に北関東で多発していた家畜大量窃盗事件との関係を疑われて、群馬県警にしばしば別件逮捕されていた現地のボドイのリーダーのことだ(拙書『「低度」外国人材』、および本書第4章参照)。

「知ってます。ベトナムいたとき、僕の友だちの友だち、群馬の兄貴」

「どういうこと?」

「日本来る前、友だちが僕に群馬の兄貴の写真見せて、『困ったことあれば、この兄貴に連絡しろ』と言った」

在日ベトナム人の世間は狭い。

「じゃあ、ウーバー君は日本に来てから群馬の兄貴に会ったの?」

「会ってない。僕が日本でお世話なるは、〝栃木の兄貴（Anh Cả Tochigi）〟」

「なんだそれ。まさか日本の各都道府県にベトナム人の兄貴がいるのか?」

「知らないですけど、栃木の兄貴は日本語できる。日本人みたいの元ヤクザで社長。表に出ない人。僕はむかし、兄貴のところでゴミ回収とプラスチックの再処理の仕事した。ボドイも働いてる」

ウーバー君の話によると、〝栃木の兄貴〟は、一九八〇年代に日本に流入したインドシナ難民の一世のようだ。インドシナ難民は、真面目に働いて成功した人もいるが（よく私の通訳を務めているチー君もそうした難民の二世だ）、ドロップアウトして反社会的な勢力に近づく人もいる。ちょうど、往年の中国残留孤児の子弟の一部から、中国系半グレ集団の怒羅権《どらごん》が生まれたのとよく似た構図だ。

「栃木の兄貴の友だちは、日本の〇〇組（筆者注、指定暴力団）系のヤクザ。ヤクザはおじいちゃん。兄貴も彼らも、みんな、日本ぽいの大きい刺青あります。栃木に刺青大丈夫の温泉あるから、兄貴、友だちと僕たちを連れて行ってくれた。兄貴たちはシャブやります。あとモルヒネ」

シャブとは言うまでもなく覚醒剤のことだ。ウーバー君は日本語学校を退学後、この兄貴のところでしばらく過ごした。東京に来てからは兄貴と疎遠になったが、友達はまだ栃木にいるという。

「似たボスは他にもいます。表に出ないですけど。仕事、クスリ、友だち、いろいろつながります」

日本の経済は長年にわたって低空飛行を続けているが、それでも日本の一人あたりGDPはベトナムの約一〇倍もある。来日するベトナム人は技能実習生や留学生という肩書きではあれ、実質的には出稼ぎが目的の人が圧倒的多数を占めており、そこからボドイや、ウーバー君のような「半ボドイ」が生まれ続ける。彼らはいつの間にか日本社会の底流に、警察や行政の目が届かない巨大なコミュニティを形成するようになった。

公権力が機能していない地下社会《アンダーグラウンド》において、秩序を担保するのは民間の暴力装置と、個人による人治的な権力だ。

日本最大の暴力団である山口組は、かつて終戦直後の混乱期に神戸の街で暴れる「三国人」(朝鮮や台湾などの旧植民地出身者)を警察にかわって鎮圧したことで、地域で一定の信頼を得た(宮崎学『ヤクザと日本』ちくま新書)。私が以前に取材した伝統中国の秘密結社である洪門《ホンメン》も、大きく勢力を伸ばしたのは、十九世紀の北米や東南アジアの華僑移民の社会においてだ(『現代中国の秘密結社』中公新書ラクレ)。中国人への差別と無関心ゆえに現地の公権力が介入してこない土地で移民のコミュニティの秩序を維持し、さらには借金を取り立てたり、賭博や女や麻薬などの娯楽を提供したりする存在が必要とされたのだった。

そこまで大規模な組織でなくとも、フロンティアの世界では善事も悪事もこなせる顔役に力と名声が集まる。在日ベトナム人の世界の「○○の兄貴」たちも、そういう存在なのだろう。ウーバー君は無邪気で人懐っこい子だが、来日後にいくつも入れたという身体のタトゥーが、「兄貴」を通じて在日ベトナム人の地下世界の末端に連なっていることを感じさせた。

「そういや、一月にバーの『ANNAM』がやられたけど」

「はい、僕そこ行ったことないですけど、みんなシャブ吸ってた」

このインタビューの半年前、私たちの生活圏とほど近い巣鴨でベトナム人経営のカラオケバーが摘発され、店内から大量のMDMA、ケタミン、覚醒剤が押収される事件があった。

「シャブ、一グラム三万円ぐらい。中国のは怖いけど、日本のは安全」

まさかこんな話題でメイド・イン・ジャパンへの信頼の声を聞くとは思わなかった。しかし、覚醒剤を指す「シャブ」という俗語を連発する様子と、問わず語りでこれだけ詳しく喋る点から考えれば、ウーバー君自身も薬物濫用の経験者ではないか。

「エへへ。ベトナム人、普通の人も〝たまに〟シャブやります。留学生だと一ヶ月に一回くらい、友だち誘って集まってシャブきめる。パーティー。たまにね」

そう話すウーバー君に、ルノアールの次に連れて行ってもらったのが、この章の冒頭で紹介したベトナム人専用のネトゲカフェだった。

日本人女子大生・リン投入

「よー。久しぶり!」

「あー、やすださーん! こんにちわー!」

一週間後の六月二十八日、私は例の駅前でウーバー君と再会した。この日は彼が仲間と集まり住んでいる家を訪ねて酒盛りをしながら、ベトナム人ウーバーイーツ配達員たちの生の話を聞き出す計画だった。

だが、男性数人でやってきたウーバー君たちは、私の側のメンバーの顔を見ていきなり動揺した。この日、私は通訳のチー君に加えて、リンという日本人の女子大生を連れてきていたのだ。

「あ、あのーっ。こんにちわっ!」

二一歳のウーバー君は、先日はさんざん悪ぶっていたくせに、女性への免疫はあまりないらしい。

さらに照れ隠しなのか、日本人女性についての悪い冗談をベトナム語で友達に耳打ちしていたところ、リンから「Bạn đang nói về cái gì?」と尋ねられて固まってしまった。

「えっ、お姉さん、ベトナム語できますか?」

「Đúng rồi」

狼狽《ろうばい》するウーバー君をみんなでからかっていると場がほぐれた。私たちは近所の居酒屋で焼き鳥や炒めものをテイクアウトで買い込み、コンビニで缶ビールをどっさり調達してから、ウーバー君たちの家に向かったのだった。

――ここでリンについてすこし説明しておこう。

日本人のリンが流暢なベトナム語を話せる理由は、彼女が以前にベトナム人の男性と交際していたからだ。しかも相手はボドイだった。この元彼氏については、ひとまずメロン君と呼んでおく(仮名の理由は後述する)。

メロン君は、ハノイから紅河《ホンハ》を十数キロくだったフンイエン省の農村生まれだ。リンが出会った二〇一五年春の時点では二五歳だったという。

もとは技能実習生であり、千葉県の山奥にある食品工場で某ファストフードチェーン向けの惣菜を作っていたが、あるとき同僚が逃亡。怒った経営者が、ベトナム人実習生五~六人を工場の一室に何日間も軟禁して強制帰国をちらつかせつつ脅しつけたので、メロン君たちは監視の隙をついて部屋の窓ガラスを叩き割り、二階から飛び降りて脱走した。

メロン君はかつて、故郷では札付きの不良であり、手を焼いた家族から軍隊に放り込まれた経験があった。つまり、インドシナ半島のジャングルでゲリラ戦ができるベトナム陸軍の元兵士だったので、彼はそのまま千葉県の山林に潜伏し、鳥獣を狩り野草を食べて一週間ほどサバイバル生活を送った。

やがてメロン君は里に降りてきて、ヤミで雇ってくれる農家を見つけた。そして、スマホでZaloを立ち上げて遊んでいた。ZaloはベトナムでS普及しているLINEに似たコミュニケーションアプリで、男性がナンパによく使う。

結果——。ベトナム語を勉強中で、たまたま近所でZaloにアクセスしていた、当時一九歳のリンが引っかかったのだった。

「ひどいやつだったんですよ。付き合ってからは働かないで、他のボドイや技能実習生を相手にローデー（ベトナムの公営宝くじの当選番号の下二～三桁を予測して賭けるヤミ賭博）の胴元をはじめたんですけど、バクチの才能がないので負けてばかりいて、私が何十万円か貸しました」

技能実習先を逃亡した経緯に同情の余地はあれど、メロン君は本質的に不良である。なので、自由の身になってからもろくなことはしなかった。例によって無免許で自動車を乗り回したり、どこかで大量に万引きした化粧品を、当時未成年のリンに頼み込んでメルカリで売らせたりして暮らしていたという。

あるとき、リンがメロン君に連れられて群馬県に行き、ある技能実習生寮の庭で開かれていたボドイと実習生のバーベキューパーティーに参加したところ、子ブタがまるごと一頭解体されていた。

「養豚場から盗んできたって言うんですよね。最近、ベトナム人の家畜窃盗がニュースになっていますけど、そんなの『いまさら何を言ってるの？』って感じですよ。彼ら、ずっと前からやっていましたから」

ちなみに私がリンと知り合ったきっかけも、ブタ窃盗問題を追う過程で話を聞いたからだった。リンによると、パーティーではメロン君の友達が風呂場で子ブタを絞め、洗面器に血を出していたという。ブタはあらゆる部位が有用な動物であり、こうして集めた血もフエットという血豆腐料理や、ティエット・カンという生き血のスープの材料になるのだ。

その後、日本全国のボドイが集まってバクチをおこなう会合（リンいわく「天下一ボドイ会」）が仙台で開かれた際、メロン君は虫のいどころが悪かったらしく、「（ベトナムと領土問題がある）中国の製品は気に食わない」という理由でリンが当時使っていたファーウェイのスマホを破壊した。

やがて二〇一六年六月夜、メロン君は仲間のベトナム人五人と千葉県旭市内の畑に忍びこみ、メロン一〇〇個以上を窃盗して軽トラに載せて帰るところを千葉県警に見つかり逮捕された。結果、彼が強制送還されたことで、リンはようやくメロン君と別れることになった。

メロン君に生活をさんざん引っ掻き回されたことで、リンの大学卒業は大きく遅れ、ゆえに彼女は私の取材を手伝ってくれた二〇二〇〜二〇二一年時点でもまだ女子大生である。

彼女のベトナム語は比較的ブロークンらしいが、特殊な前歴ゆえにボドイたちと心を通わせやすい。「元彼氏がメロンを一〇〇個盗んだ」と話せば、たいていの相手はリンが潜在的に自分たちの側の人間だと思ってくれる。

そこで私は、ウーバー君たちの心をより開くために、チー君に加えてリンを投入することにしたのである。

Soichiro Koriyama

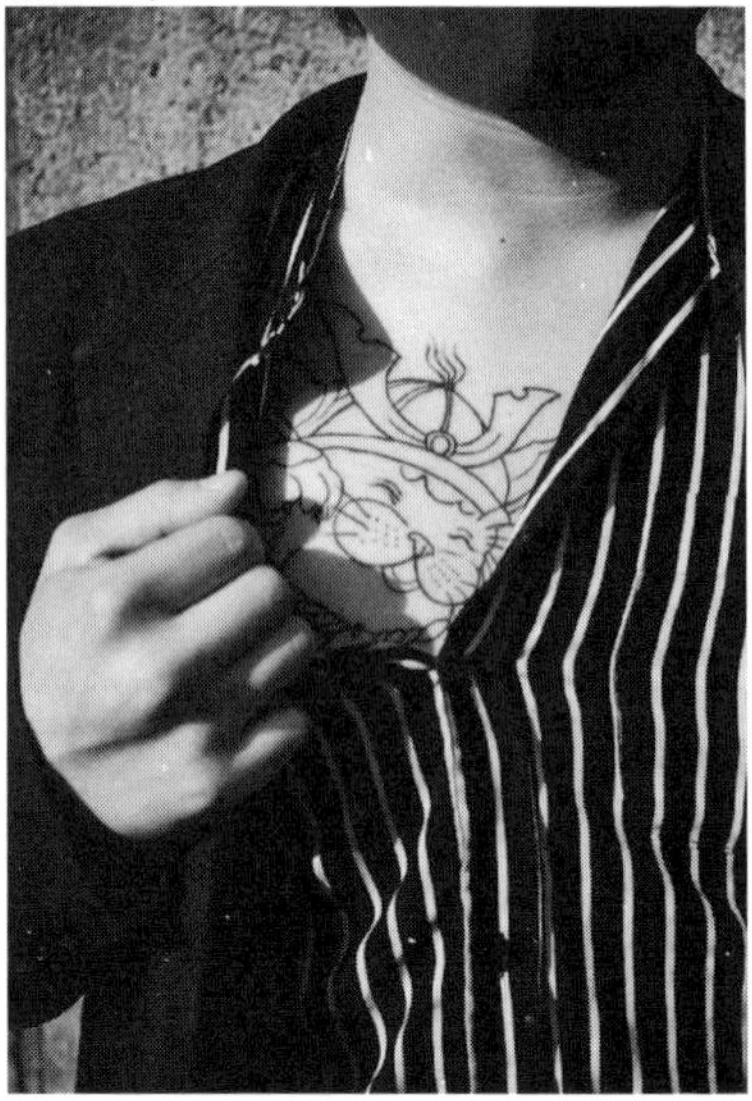

ホストやキャバクラの黒服もやっていたという広東君のタトゥーは、アニメ調の招き猫。こんな図柄を選ぶセンスも独特だ。

ベトナム人配達員座談会

ウーバー君たちのすみかは、某駅から徒歩一〇分、荒川区内の住宅街にあった。築一五年くらいかと思える二階建ての集合住宅の部屋は、なかなかこぎれいで広い。家賃は月一〇万円、これに光熱費を加えた金額を四人で割っているという。同じ出稼ぎ者であっても、合法的な身分で日本に滞在している元留学生と、技能実習先から逃亡したボディの差は、住居を一目見ただけでも明らかだ。

ウーバー君の同居人の一人は、服装こそ一九九〇年代の日本のチンピラみたいだったが、顔立ちは白皙《はくせき》の美男子だった。どうやらベトナム人の父親と広東系中国人の母親のダブルらしく、私が片言の広東語で話しかけると会話ができた（なので、ここからは「広東君」と書こう）。

広東君は二三歳でハノイ出身。二〇一八年に留学生として来日し、現在は特定活動資格で在留しながらウーバーイーツの配達員として働いている。恵まれたルックスを活かしてホストやキャバクラの黒服をやることもあるが、配達員は日本語をあまり話さずに済んで楽なので、最近は仕事を増やしたという。胸元にはアニメ調の大きな招き猫のタトゥーが入っている。

もうひとりの同居人は髪の長い短パン姿の青年で、丼鉢に氷を入れてそこにビールを注ぎ、あぐらをかいてグビグビと飲んでいた。彼も二〇代前半で配達歴は半年くらい、やはり留学生上がりの特定活動者らしい（以降は「長髪君」と呼ぼう）。さらに別の同居人は、ちょうど配達に出ており不在だった。

ここからは酒席の会話である。ベトナム語の会話内容を、対談形式で再現しよう（以下、ベトナム語の会話は話者をゴシック体で表記する。こちらではウーバー君も、母語なので流暢に喋っている）。

――みんな、配達でどのくらい稼いでるの？

広東：僕は副業で配達員をやってるから、月の稼ぎは五万円くらいだね。稼ぎは両親に仕送りしているよ。

長髪：東京や大阪みたいな大都市圏じゃないと稼ぎにくい。あと、日本語ができない知り合いは一週間で数千円しか稼げなくてやめた。

ウーバー：いくら語学力はあまり要らないっていっても、やっぱり必要だからさ。仕事がうまくいかないヤツも意外と多いよな。

――自転車はどういうのを使ってるの？

ウーバー：普通のママチャリ。俺、配達品を受け取ったり届けたりするときに、急ぐから鍵をかけないことが多いんだよね。だからこの前、自転車を盗まれた。警察に届けたら数日後に連絡が来て、一〇キロも離れた場所で川に放り込まれた状態で見つかった。自転車がない間は商売上がったりだったよ。俺はクレジットカードを持ってないから、シェア自転車も借りられないし……。

長髪：俺もママチャリ。自転車も保温バッグももらいもので、初期投資はゼロだった。この家に住んでいるみんなで、ウーバーイーツ・バッグを共有してる。

――働いて大変だったことを教えて？

広東：ウーバーイーツは配達距離が長くなってもあまり報酬が増えない仕組み（当時）なんだけど、最初はそれを理解していなくて、自分が荒川区に住んでいるのに羽田空港までのデリバリーを受注したことがあった。往復で三時間以上かかったよ。

ウーバー：移動中に警官の職質を受けて、在留カードをチェックされたんだ。それで配達が遅れて、客のおっさんに怒られた。

長髪：あるある。なんで日本人のおっさんはいつも怒鳴るんだろうな。あと、アプリで指定した場所と違う場所にいて、それでもがんばって配達したのに怒るやつも腹が立つ。何考えてるんだよ？

ウーバー：この間、クレカ決済じゃなくて配達員に現金を払う形で支払いを希望している客がいたんだけど、俺は小銭を持っていなかったから、お釣りは四三円だったけれど五〇円玉を渡したんだ。そうしたら、後でアプリで「Dislike」（悪い）評価を付けられた。相手が七円得するのに、おかしくないか？　しかもアプリの注意書きには「配達員がお釣りを持っていないことがあるのでお客様の側が小銭を準備してください」って書いてあるのに。

　フードデリバリーサービスは当初、スポーツサイクルの長距離ライドを趣味にしているような人が、報酬は二の次で配達をおこない、これに対して注文者側も、流行に敏感で最新技術を試してみたい人が多い……。という、「意識の高い」人たちが使うサービスだった。通常、こうしたアーリーアダプター（情報感度が高く先見性のある人）たちは知的で行儀がよく、トラブルも起こしにくい。

だが、配達のコツをつかめばカネになることで外国人労働者が大量に流入し、いっぽうでサービスの普及によって多くの一般人が注文をおこないはじめると、以前のようにはいかなくなる。

コンビニや居酒屋で外国人店員に怒鳴り散らしたり、粘着質なクレーマーになったりする人は、フードデリバリーサービスの配達員にも同じような態度で接するのだ。しかも店舗と違い、他者の目がない場所で客と配達者が一対一の関係で接するため、客側の意地の悪い振る舞いは表に出にくい。

自転車で首都高に侵入

「逆にウーバーイーツをやってよかったことはある？」

「高級そうなマンションに住んでる人に一五〇〇円の弁当を配達したら、『チップだ』と一〇〇〇円札もらった」

私の問いにウーバー君が答えた。三人のなかで、これが一回のチップ金額の最高記録らしい。

いっぽう、広東君が言う。

「僕は吉原のソープ街から注文が入ったときが嬉しいかな。ここの近所だから、よくオーダーがあるんだ」

全員が「そうそう」とニヤつきながらうなずいた。

「ソープの部屋までフードを届けるの？」

「いや、働いている女の子に会ったりプレイルームに入ったりはできない。裏口でボーイに配達品を渡すだけなんだけど、すごくドキドキする。僕も日本でカネを儲けたら、絶対に吉原に遊びに行ってやるぜって、いつも思うんだよね」

みんなで声を上げて笑った。ちなみに同席している女性のリンは、メロン君と別れたあとに水商売で学費を稼いでいたこともあり、この手の話に抵抗感がない。

「俺もいいことあったよ。このあいだ東日暮里のマンションに届けたとき、部屋のドアを開けたら、裸にバスタオル一枚だけ巻いた女の子が出てきたんだ。お風呂に入っていたみたいで、髪がまだ濡れてて、後ろで縛ってた」

長髪君の言葉に、他の男たちがどよめく。男子中学生みたいな表情である。

ウーバー君が「かわいかった？　おっぱいでかい？」と尋ねた。

「うん。かわいいしおっぱい大きかった。二五歳くらい。マジで超サイコーだった」

おおおお。

「それじゃあ、チップを一〇〇〇円もらうのと、バスタオル一枚のおっぱい大きい女の子に配達するのと、みんなどっちがいい？」

私が尋ねると、三人がそろって日本語で「おっぱーい！」と叫んだ。


「……ところで」

さんざんに酒がまわったタイミングで、私は切り出した。

「あのさ、みんなの友達で、配達中に間違えて高速道路に入ったヤツって、いるか？」

この質問には理由がある。

フードデリバリーブームが起きて以降、ウーバーイーツの配達員が自転車で首都高に侵入している問題が、テレビで何度か報じられていた。侵入者は逮捕されないことが多いらしく、素性は不明なのだが、私は最初に報道を見たときから、すくなくとも彼らの一部は外国人だろうと見当をつけていた。

高齢者や未成年者ならばともかく、都心部で日常的に自転車に乗っている現役世代の日本人（多くは自動車の運転免許も持っているだろう）が、高速道路に誤侵入することは考えにくい。とはいえ、配達一回あたり一〇〇〇円にも満たないフードデリバリーの移動時間を短縮するために、重い法的リスクを覚悟の上で故意に「近道」を試みる行為も割に合わないはずだ。現代の日本において、自転車で高速道路に侵入すれば、高速自動車国道法違反で五〇万円以下の罰金、さらに「交通に危険を生じさせた」場合は五年以下の懲役か二〇〇万円以下の罰金が科される。

「うーん……。友達が、というか、俺自身が配達中に何度も高速に入ったことがあるよ」

私の質問に口ごもることもなく、ウーバー君はあっさり答えた。

さらに、いま不在のルームメートも含めて、彼の同居人たち三人もすべて首都高侵入を経験したという。たとえば広東君の場合はこうである。

「三週間ほど前に、南千住から上野に向かう途中で間違えて入っちゃった。まわりの自動車が猛スピードで走っているのが不思議で、あと、すげえクラクションを鳴らしてくるから『こいつらムカつくなー』と思っていたら、サイレンを鳴らしたパトカーがやってきて拡声器で怒られた。でも、パトカーはなんとか撒いたから捕まらずに済んだよ。後で知ったんだけど、日本の高速道路って自転車で入っちゃダメだったんだな」

ベトナムでもダメだろう。

いっぽうで長髪君とウーバー君はこう言う。

「俺が入ったときは、首都高の本線を走っている時点ではまったく気が付かなかった。出るときにずっと下り坂が続いていて、ペダルを漕がずにヒャーッと下ったんだ。風がすごく気持ちいいなあと思っていたら、一般道と合流する場所に警官がいて、大声で呼び止められた。なにかヤバいと感じて、全力でペダルを漕いでその場から逃げ切ったよ」

「配達中はGoogle Mapsのナビをずっと見ているんだ。だから、自分がいま走っている道がどういう道なのかって、よくわかってないいんだよね。俺も高速に入ってから気づくことが多いけど、警察に見つかったときは自動車並みの速度で自転車を漕いで逃げる。俺は体力があるからこれで問題ないよ」

シャブをきめて配達したの？

「そういえば、ウーバー君。前にルノアールで取材したときも言ってたけど、好きな子いるんだよな？」

「えーっ。いるけど、恥ずかしいだなー」

酒席は続いた。私とウーバー君の日本語の会話にリンが割り込んでくる。

「どんな子なの？　日本人、ベトナム人？」

「日本人です。前にデニーズでバイトしてたときの、ユウカちゃん。まじめだし、かわいいねー」

ユウカちゃんは高校を卒業して働いている、一九歳の女の子らしい。

「デートは行ったの？　私が服を選んであげようか？」

「デート行ってないですけど、LINE送ってます。僕が『かわいい』って言ったら、『ありがとう』って言った。『ごはんいこう』って聞いたら、『いいよ』言ったのですが、まだ行ってない」

「いけそうじゃん。でもウーバー君、身体にすごくタトゥー入ってるけど、ユウカちゃんは知ってるの？」

「大丈夫。僕のタトゥ、『かわいい』言ってくれました」

当時のバイト先で、みんなで撮った写真を見せてもらった。スマホの画面内に切り取られた青春のワンシーンがまぶしい。

「よし、いまからユウカちゃんに電話かけて誘っちゃおっか？」

「やーだー、やめてくださいよー。だめだめだめだめ。僕お酒のんでないのとき、ちゃんとしたとき、誘います」

場がどっと沸いた。そこで私が聞く。

「ユウカちゃんには、栃木の兄貴とかシャブのことは秘密なのか？」

「うん、秘密です。栃木の兄貴はシャブやります。モルヒネもやります」

「ベトナム人の薬物犯罪って、報道見てるとシャブ多くない？　マリファナは吸わないの？」

「ベトナム人シャブ好きです。マリファナも吸うけど、ガキがやるもの、タバコみたいものですけど。シャブは強い男のイメージある。日本人は注射好きですけど、ベトナム人は鼻から吸います」

「君たちは鼻から吸うんだ」

「はい」
「じゃあ、シャブをキメて配達をやったことはある?」
「ありますよー。キメるとシャキーンなってずっとずっと働きます。『シシシッ、シゴトシゴト!シゴトクダサーイ!』ってなる」
——彼の口調がリアルだったので、全員で再び大笑いした。

ウーバー君と仲間たちは、配達員として働くベトナム人のなかでも、かなりハチャメチャなほうだろう。ただ、この取材の当時に相次いで発覚していた不法就労や首都高侵入事件を見る限り、似たような人は他にも少なからずいる。

APFや『ニューヨーク・タイムズ』の報道によると、イタリアやフランスでも、不法移民や難民申請者が一回の配達あたり三ユーロ(約四五〇円)程度でウーバーイーツのパートナーとして働いているらしい。未曾有のコロナ禍のなかで都市住民の生活を支えたサービスは、言葉ができず現地の社会に馴染みきれない移民の仕事でもあったのだ。

いっぽう日本では、配達員をめぐり相次いだ不祥事を受けて、出前館やmenuが二〇二一年七月一日に外国人の新規アカウント登録をいったんすべて停止する荒業に出た。いっぽうウーバーイーツも、二〇二一年のうちは動きが遅かったものの、やがて一気にルールを厳格化させた。

二〇二二年二月下旬、私がフェイスブックの「Uber Japan－ベトナム」コミュニティを眺めていると、たまたまウーバー君の投稿を見つけた。ウーバーイーツの配達員アカウントがいきなりBAN(削除)されてしまい、運営側に問い合わせても理由を教えてもらえない、アカウントの復活も断られたと書き込んでいる。

「やすださーん！　こんにちわー！」

そこで三月四日、近況を聞きたくなった私は、ウーバー君と広東君の二人を新宿区内の中華料理店に呼び出した。彼らは相変わらず、私が街の写真を撮ろうとしたときに「ばぁ」とスマホの前にふざけて立ちふさがってみせるなど、修学旅行中のヤンキー中学生みたいなじゃれかたをしていたが、どうやら私のことは嫌いではないらしい。

彼らはウーバーイーツのアカウントがＢＡＮされたあと、無事に同業他社への移籍に成功し、配達稼業を再開させたという。

「僕このあいだ、カブキチョウのお店で六万五〇〇〇円、払いました」

「値段が高すぎるぞ。どういうこと？」

「おっぱいパブいきました。日本人の女の子めっちゃかわいいだし、おっぱいでかいです。おっぱいたくさん触って吸うしたら、六万五〇〇〇円言われました。払ったですが、お金ない。たくさん配達しないといけないです」

相変わらずだ。とはいえ、言動は変わらなくても、見た目は大きく変わった。

ウーバー君は八ヶ月会わないうちに、バラとフクロウを描いた東洋風の刺青を首いっぱいに入れていたのだ。赤と緑で彩られた刺青は、仮にハイネックセーターを着ても完全に隠せないほどの大きさだ。

「配達先でビビられない？」

「大丈夫ですけど。やっぱり、僕の見た目、コワイですか？」

「うん。めっちゃこわい」

もはや日本社会で一般のアルバイトに従事することは難しいだろう。

「でも、カッコいいでしょ?」

ユウカちゃんは最近の彼と会ったのか、それでもデートに応じてくれるのか。

私は尋ねないことにした。

第4章
豚窃盗疑惑
「群馬の兄貴」と会った！

牛刀を下げた子分たちを従え、サングラスにスキンヘッドのいかつい刺青の男が「群馬の兄貴」。フェイスブック上にアップされた写真だ。ただ、手にしているのはモデルガンだろう（本物なら、それだけで逮捕だ）。悪ノリしている「小悪党」感いっぱいの兄貴だが、本当の顔はすこし違っていた……。皆が恐れた兄貴の〝本業〟とは。

スキンヘッドの刺青男

二〇二一年四月五日、私とチー君は東武鉄道太田駅前のドン・キホーテで購入した大量の米袋とビールとタバコをタクシーのトランクに載せ、群馬県の農道を進んでいた。

行き先は新田上中町《にったかみなかちょう》のネギ畑の隣にある二棟の貸家だ。ほぼ全員がボドイであるベトナム人の男女十数人が集まり住む家である。住人の入れ替わりは激しいが、私たちは過去の約半年間で三〜四回は訪問しているので、誰かしらは顔見知りの人間がいる。

家の外には洗濯済みのジャージが乱雑に干され、ゴミが分別されないまま散らばっていた。鍵の掛かっていない玄関の引き戸を開けると、安普請の古い木造家屋の加齢臭じみた臭気とベトナム料理の匂い、多数の人間の体臭が入り混じった独特の空気が、マスクの隙間から鼻腔に飛び込んできた。

「Xin chào!」

挨拶を大声で呼ばわると、奥から応じる声が聞こえたので家に上がりこむ。ミシミシきしむ廊下を進んで居間に入ると、スキンヘッドの小柄な中年男が一人であぐらをかいて座っていた。屋内なのにネズミ色のコートを着ており、ズボンは豹柄、左手の親指と中指にやたらと巨大な指輪をはめている。

「こんにちは。あなたが、〝群馬の兄貴〟ですか?」

「ああ」

鷹揚にうなずいてみせる。場を圧する存在感をそれなりに覚えさせる人物だ。

床の上に置いてあるパーラメントに火を点け、煙を吐いてみせる。彼の後ろにある戸棚の側面には、

『EX大衆』の付録であるグラビアアイドルの桃月なしこの水着ピンナップが貼られていた。だが、スキンヘッドの刺青男と紫色のビキニ姿の美女との対比を笑う余裕は、今の私たちにはなさそうだった。

彼の顔つきと立ち居振る舞いを見て、私は内心で顔をしかめていたのである。事前に抱いたイメージと、かなり印象が異なっていたのだ。この兄貴について、もっと小悪党じみた人物を想像していたのだった。

「食えよ」

彼が身振りで示す。二〇一一年から日本にいるという話もあるが、日本語はほとんど話せない。机の上にある、スーパーのプラスチックパックに入った柿とオレンジを取り出して、手ずからナイフで皮をむいてくれた。ベトナム人は新鮮な果物を好むのである——。

大規模家宅捜索と群馬県警の失態

新型コロナウイルスのパンデミックに見舞われ、日本全国が沈黙していた二〇二〇年の秋。この「群馬の兄貴」ことレ・ティ・トゥンは、外国人問題やベトナムに関心がない日本の一般人の間にまで、顔とあだ名が広く知られることになった。

理由はブタの窃盗疑惑をかけられたことだ。彼は当時、北関東一帯で発生していた大規模な家畜・農作物窃盗事件の実行グループの主犯格であると目されたのである。

この事件については、同年九月末までに群馬県内でブタ約七二〇頭、ニワトリ約一四〇羽、ウシ一頭とナシ約五七〇〇個などの盗難が確認され、被害総額は約二七〇〇万円に及ぶとされた。また埼玉県でもブタ約一三〇頭の盗難被害があった。家畜と果物の被害は群馬・埼玉・栃木県境の半径五〇キロの地域に集中していたという（『上毛新聞』十月二十七日付WEB版などによる）。

と畜場法のもとで厳密な家畜管理がなされている日本において、盗んだブタを転売することは容易ではない。かといってブタを丸ごと一頭、自分でさばいて食肉にできる技術を持つ人は、食肉業者を除けば現代の日本人にはあまりいない。ゆえに群馬県警は捜査を進めるなかで、外国人による犯行を疑った。

そして二〇二〇年十月二十六日、群馬県太田市新田上中町にあるベトナム人の住処——。つまり、私が訪ねたこの家を含む二棟の貸家が大規模窃盗団の拠点であると目され、捜査員一八〇人による六時間の家宅捜索を受けた。

これによって、貸家二棟に居住していたベトナム人の男女一九人のうち一三人が逮捕された。彼らの大部分は技能実習先を逃亡したボドイで、不法残留を理由とした入管難民法違反や無免許運転による容疑で身柄を押さえられたのだ。

貸家の床下からは約三〇羽の冷凍ニワトリが見つかり、牛刀やモデルガン・金属バット・模造刀などの〝武器〟が押収されたとも報じられた。やがて隣接する埼玉県警によるものも含めて、本件がらみで別件逮捕を受けたらしきベトナム人は二〇人近くにおよんだ。

主犯格とみられたレ・ティ・トゥンについても、世間で大いに話題になった。彼のフェイスブックのハンドルネーム「Anh Cả Gunma」（群馬の兄貴）と、仲間たちと撮影した、スキンヘッドにタトゥー、そしてマッカーサーばりのアビエーターサングラスという外見があまりにも悪目立ちしたからだ。

結果、世間では「群馬の兄貴」についての報道があふれ、ネットユーザーの間でも一種のミームと化して面白がられた。

——もっとも、事態のその後の推移はあまり知られていない。

実はこの事件は、真相が解明されないままウヤムヤになったのである。

群馬県警はトゥン——。つまり「兄貴」について、入管法違反（不法残留、偽造在留カード所持）、道交法違反（無免許運転）、さらに同胞の在日ベトナム人に対する逮捕監禁……と、勾留期限が切れそうになるたびに事実上の別件逮捕を繰り返した。

だが、兄貴は個々の逮捕容疑は認めるいっぽう、家畜や農作物の窃盗については否認し続けた。事件との関係を示す事実は出ず、二〇人近くの別件逮捕者を出しながらも、誰一人として窃盗容疑での立件はされなかった。兄貴も大捕物から四ヶ月あまり後に釈放された。

家宅捜索の当時はメディアスクラムが起きたにもかかわらず、その後のこうした経緯はほとんど報じられていない。捕まった人間の多くがボドイだったことも、「冤罪」が世間的になんら問題視されなかった大きな要因だろう。

だが、成果なき摘発大作戦と大量の別件逮捕は、群馬県警の明らかな失態だった。

拘置所で日本のヤクザと友だちになった

いっぽう、私は大捕物のしばらく後から兄貴とその周囲の人たちを追いかけてきた。

情報を持つベトナム人の家にチー君と二人でアポ無しで訪問し、詳しい事情を聞き出す作戦も、もとは彼らの住処――。私たちが「兄貴ハウス」と呼んだ貸家の取材から定着したものだ。なかでも二〇二〇年十一月から翌年一月ごろまでは、月刊『文藝春秋』への寄稿と自著の『「低度」外国人材』の執筆のため、重点的にこの事件を調べた。

ただ、当時の取材には限界もあった。肝心の兄貴本人に会えていなかったのだ。

理由は日本国家の刑事司法システムというやむを得ない事情である。

通常、逮捕・勾留された被疑者には、逮捕後七二時間が経てば弁護士ではない人間とも接見する自由が認められる。だが、逃亡や証拠隠滅の疑いがある場合、検察官の請求によって裁判所が被疑者に「接禁」（接見禁止）処置を加えることが可能だ。こうなると、私のような外部の人間は被疑者に会えなくなる。

しかも、拘置所は本来なら法務省が所管する施設なのだが、警察署内にある留置場と場所を兼用している場合が多く、実際には警察の強い影響下にある。いわゆる人質司法というやつで、外部の人間が勾留中の被疑者に接触できるかは、実態としては各警察署の意向が強く反映される形で決まりがちである（被疑者との接見中にメモ取りや通訳の同席が許されるか、事件についての踏み込んだ質問がどこまで許されるかなども、各警察署や個々の警官によって基準はバラバラで、属人的かつ恣意的な要素が感じられる）。

……日本の刑事司法の問題点に対する恨み節はほどほどにしておこう。さておき、私が取材を進めた時期の兄貴には、この「接禁」が付けられていたため、彼本人には会えなかったのだ。

もちろん、新田上中町の兄貴ハウスを何度も訪れて仲間たちから話は聞いていた。また、同じ太田市内で一〇年以上暮らすベトナム国籍の会社員や他のボドイたち、兄貴と直接面識を持つ在日ベトナム人の宗教指導者、さらにベトナム人技能実習生問題の研究者で神戸大学大学院国際協力研究科准教授の斉藤善久――。と、信頼できる複数の人たちから、兄貴の過去や人となりも聞いていた。

それらの取材で得た情報によれば、兄貴は賭博の元締めだったとはいえ、大規模な窃盗団を率いるような本物のマフィアではないとのことだった。彼は留学生として来日後、日本で合法な就労が可能な在留資格「技人国」（技術・人文知識・国際業務）を取得。だが、就職先の旋盤工場に馴染めず技人国の在留資格を取り消され、その絶望ゆえに二〇一九年初頭にタトゥーを入れて髪を剃った。つまり、逮捕された二〇二〇年秋まで、ごく短い〝不良歴〟しか持たない人物だったとみられた。

三〇歳代なかばになって身を持ち崩し、悪そうな外見をしていたところ、大規模組織犯罪のボスと勘違いされたドジな小悪党――。周囲の話から想像できたのはそんな人物像だ。ゆえに私は、二〇二一年二月に刊行した『「低度」外国人材』のなかで、兄貴をこのようなイメージで描写した。

正確には、兄貴の人物像について、不良デビューから時間が経っていない根は善良な男、という複数人の証言と、一人のボドイが言っていた「伊勢崎付近で彼に逆らう人間はいない」というおどろおどろしい証言の二パターンの情報を得ていたのだが、個々の発言者の身元の確かさや具体的な情報量の多さから前者の説を採用したのである。

だが、人間はやはり本人に会わないとわからない。

書籍の刊行後、兄貴が釈放されたという噂を聞きつけた私は、チー君を介して取材を申し入れた。そこで二〇二一年四月五日、新田上中町の兄貴ハウスで実際に彼と対面したのである。出会った直後の時点で、私が事前の見立ての間違いを自覚したことはすでに書いた。

「……釈放されたのは三月三日。拘置所で日本のヤクザと友達になった。写真もあるぞ」

Minetoshi Yasuda

群馬県太田市新田上中町にある通称「兄貴ハウス」で取材に応じる「群馬の兄貴」ことレ・ティ・トゥン。トレードマークのサングラスを外すと、意外と人の良さそうな表情も見せるのだが……。

みずから皮をむいた柿を二切れほどつまんだ兄貴は、そう嘯《うそぶ》いて紫煙をくゆらせた。

自分のカバンを開き、数葉の写真を取り出してみせる。沖縄のビーチで海パン姿になり、刺青をさらしてくつろいでいる三〇代後半くらいの小太りの男と、高級キャバクラ嬢っぽいメイクと髪型にビキニ姿の、モデルの明日花キララに似たスレンダーな若い女の写真だ。

「この男は三〇〇〇万円を盗んだって言っていたな。お互いに刺青があるから仲良くなった。『ここを出てからも会おうぜ』ってな」

「そういえば、兄貴の左手は洋風のタトゥーで、右手は和彫りですね」

「ああ、右手の和彫りは八万円くらいだ。日本で彫った」

言動を観察する限り、〃お勤め明け〃

にもかかわらず更生はしていないようだ。不良ベトナム人たちのリーダーにふさわしい、それなりのオーラも感じさせる。

「そのサングラス、有名になった写真で掛けていた、例のやつですか?」

「そうだ。逮捕されたときに警察に押収されたが、釈放のときに返してもらえた。群馬県警の取り調べでは、特に殴られたり暴言を吐かれたりはしていない。だが、やってないことまで疑われたのは腹が立つな。日本の警察のバカ野郎どもめ」

「シロだよ。やるわけないだろ?」

兄貴とは昼食をともにする約束だった。私がタクシーを呼ぼうと提案すると、彼はその必要はないと身振りで示し、どこかに電話をかけた。

やがて一五分ほど経ってから、貸家の庭に白いセダンがやってきた。ドライバーは日本語が上手な若いベトナム人男性だ。

「僕はもともと留学生で、日本の大学を卒業してから群馬県内で会社員をやっています。なので日本の運転免許をちゃんと持っているんです。トゥンさん(=兄貴)は無免許運転の車に乗ると、また逮捕されてしまうので、僕が運転します」

ということである。どうやら兄貴は、日本で合法的に運転ができて〝足〟がわりに使える同胞を、電話一本で呼び出せる立場らしい。

「肉は好きですか? 昼食に焼き肉でも、いかがです?」

貸家を出る前に尋ねる。家畜の窃盗疑惑をかけられた人間を焼肉屋に誘って、兄貴からツッコミが入るかと思ったが、「構わん」とあっさり返事をされただけだった。兄貴は慣れた様子でセダンの助手席にどかっと座って脚を組み、私とチー君が後部座席に乗り込む。向かった先は、群馬県民のソウルフードとして知られる県内の有名焼き肉チェーン「朝鮮飯店」の新田木崎店である。

ここからの会話は、一問一答形式で書いていこう。

――家畜と農作物の窃盗事件は、本当に無関係なんですよね？

シロだよ。やるわけないだろ？　警察に疑われたが、あれは間違った逮捕だった。肉は盗品じゃないんだ。俺たちは（利根川を挟んで伊勢崎市と隣接する埼玉県の）本庄市の食肉解体場で肉を買ったことがあって、その数日後に捕まった。血抜きされた豚肉を買った伝票が残っている。仲間の誕生日があって、多めに買っただけなんだ。

――本庄市の食肉解体場に併設されている肉屋のことですね。私たちも二〇二〇年十一月の時点で取材しています。確かにあの肉屋は、一般のスーパーでは売っていない部位も売ってくれますし、ベトナム人やブラジル人など近辺の外国人の御用達みたいです。

ああ、その店だ。しかし、店で買った牛テールだとかも警察に押収されたぞ。わけがわからねえ。ちくしょうめ。

――当時、太田市付近のベトナム人たちへの聞き込みでも「兄貴冤罪説」を主張する人が多くいました。あなたが警察に疑われた理由は何だったと思いますか？

よくわからねえ。だが、俺がよくフェイスブックに三〇〜四〇人で宴会をやる写真をアップしていたり、ハンドルネームで「群馬の兄貴」なんて名乗っていたりしたものだから、このへんの（ベトナム人の）ボスだと思われたんじゃないか。実際、取り調べではいつもその話を聞かれたよ。

——逮捕後、日本のメディアで大きく報じられたのは知っていますか？

俺はブタ箱にいたんだから知るわけねえよ。わかったのは釈放されてからだ。ＳＮＳを見て知って、腹が立ったよ。俺が泥棒だなんて、勝手に決めつけやがって、名誉毀損じゃないか。日本側の報道内容が翻訳されて、在日ベトナム人のＳＮＳグループでも興味本位に取り上げられていて、困った。いろいろな噂が流れていた。

——母国の家族は事情を知っていますか？

噂はベトナムにも伝わったらしく、故郷の家族が近所の人間から「お宅の旦那はなぜブタを盗んだ」なんて尋ねられたみたいだ。一族の評判まで落ちてしまった。ベトナムでは、日本で逮捕されれば拷問を受けると思われているから、家族はいっそう心配だったらしいね。

泰山鳴動して兄貴一人の容疑も固まらず

このように会話をまとめると、ちゃんとコミュニケーションが取れているように見えるが、肉を焼きながらのらりくらりと喋る兄貴の取材は難航した。

苦戦の理由のひとつは、通訳のチー君だ。私が兄貴の機嫌を損ねそうな質問をするたびに、彼が訳す段階でマイルドな表現に言い換えているのがなんとなく察せられた。チー君は普段の取材では頼りになるが、干支がひとまわり以上も年上で外見もいかつい兄貴が相手だと、一年すこし前まで大学生だった彼では人生経験の差で翻弄されてしまうのだ。

もしも取材相手が中国人のマフィアなら、もっとガンガン突っ込めるのに。兄貴は事前の想像よりは大物だったが、かといって私がまったく勝負できないほどの相手には見えない。これまで通訳付きの取材がスムーズすぎて忘れていたが、言葉で直接コミュニケーションができないと、こういうときに不便だったのだ。

歯がゆい思いを抱きつつ会話を続けた。

――取り調べ中は何を聞かれたんです?

ブタだけじゃなく、ヤギだのニワトリだのウシだのの窃盗も疑われた。取り調べでは、泥棒が農場の子牛を担いで盗んでいく(監視カメラの)映像を見せられて、「心当たりがあるか」なんて尋ねられたが、何も知らないと言ったよ。

――結局、誰が家畜を盗んだかは不明のままですよね。

俺は警察の連中にはっきり言ってやったよ? もしも自分がやったことなら、誓って何でも白状してやる。俺の処遇についても(日本の司法のもとで)好きなようにすればいい。だが、本当にやっていないことは認めるわけにはいかないってな。

――確かに、別件逮捕された個々の件については容疑を認めていますね。

ああ。まず無免許運転と偽造の在留カード所持。俺が持っているカード一枚と、店（当時、伊勢崎市内で経営していたベトナムカラオケ店「ハノイ」）にあったカード一枚がそれぞれ捜査で見つかったんだ。どっちも偽造のカードだ。勾留中はどんどん自分の罪が増えていって、頭がおかしくなりそうだったぜ。

――ボドイの多くは、無免許運転と偽造在留カード所持をやっているので、警察がその気になれば誰でも同じ目に遭うでしょうね。ただ、兄貴の場合はほかに、在日ベトナム人の拉致容疑でも逮捕されているでしょう？

ああ。あれは人に頼まれた。日本にいるベトナム人からな。

――どんな人物です？

若い女だ。不法滞在者。

――この拉致の件は容疑を認めたのに立件されなかったのは、どういう事情からですか？

まあ、借金を取り立ててくれってな……。

兄貴は自身の利益になること――。つまり、ブタの窃盗事件と自分は無関係だとする主張は、こちらが質問する前からどんどん話し、マスコミに告発したいと怪気炎を上げてみせる。だが、余罪の話になると口が重くなる。

なにより、彼がかたくなに話そうとしなかったのが、自身の過去についてだ。私が質問すると、そのたびに露骨に不機嫌になり話をそらす。結局、彼が日本に来てから何をやって生きてきたのか、旋盤工場で仕事についていけず二〇一九年から不良になったとする噂は事実なのか、よくわからないままである。

もっとも、不快がって語らないのは、彼にとって面目が立たない事情があるせいだろう。私が以前に聞いた話と、実態はそう違わないのではないか。ただ、彼が近年になり一気に不良の道に突き進んだ人間だったとして、なぜこれほど大物じみたオーラを漂わせているのかは、謎のまま残った。

とはいえ、兄貴が北関東の家畜・農作物窃盗事件の首謀者でないことだけは、ほぼ確実だ。

不良ベトナム人たちは、フェイスブックのボドイ系のコミュニティなどで、来歴不明（多くは盗品）の食肉や果物の転売を盛んにおこなっている。これらのなかには、食材の情報を書き込んでいる人物（投稿者）と、真の販売者が異なる人物というケースがすくなからずみられる。

たとえば、フェイスブックの書き込みを見た顧客が実際に商品を購入すると、真の販売者から投稿者に一〇〇〇円程度のマージンが支払われるシステムが存在する。盗品を売る張本人がＳＮＳ上で直接告知を出すのは悪目立ちしてしまうし、一般人のアカウントでは情報の拡散力が弱いこともあって、若い女性や有名人などの注目が集まりやすい人に告知文をかわりに投稿してもらうのである。

兄貴はフェイスブックで多くのフォロワーを抱えており、賭博の元締めだったことで、在日ベトナム人の間では事件前から存在が知られていた。マージン目的で肉の販売情報をポストするくらいのことはやっただろう。逆に言えば、それ以上の関係はなかったのだ。

ところで余談ながら、日本で報じられる在日ベトナム人に関係するニュースのほとんどは、フェイスブック上のアカウント『TAIHEN Đời Sống』などを通じてベトナム語に翻訳され、ネットで配信される。ゆえに兄貴の逮捕についても、翻訳された情報が在日ベトナム人のコミュニティに幅広く流れた。

おそらくその結果だろう。私が群馬県警に取材したところでは、北関東の家畜窃盗は二〇二〇年末から激減したという。泰山鳴動して兄貴一人の窃盗容疑も固められなかったのは、群馬県警の失態だったが、皮肉にも犯罪の抑止効果はあったのだ。

「兄貴ハウス」ではベトナムと同じ暮らしができた

ところで、取材を通して私たちが足を運び続けたのが、新田上中町の「兄貴ハウス」だ。田んぼとネギ畑の真ん中に位置する貸家は合計四棟あり、そのうち二棟がボドイたちの住処である。この築四〇年以上はたっていそうな安普請の木造家屋は、在日ベトナム人の男女十数人が、短期間にメンバーをすこしずつ入れ替えながら共同生活を送っている場所だった。

ベトナム人は日本人と比べて、他人との共同生活に対する心理的な抵抗感が薄い。留学生や労働者の多くは、家賃を浮かせる目的もあってか、ひとつの物件に四〜八人ほどで集まり住んでいる。技能実習生寮についても、雇用側が家賃コストを削るために寮の一部屋を二〜四人程度でシェアさせるのが一般的だが、実習生らは家賃や寮の環境に不満を漏らすことがあっても、集団生活それ自体を嫌がる人はほとんどいない。

ただ、兄貴ハウスの場合、強制捜査時に二棟で合計一九人の居住が確認されている。いくら集団生活好きのベトナム人とはいえ、集団の規模がかなり大きい。

二棟はいずれも戸建てで、玄関を入ってすぐに伸びる廊下の左右にそれぞれ六畳間がある。その先の右手に台所とトイレ・浴室、左手には共用スペースとなっている居間があり、居間の奥に押し入れ付きの六畳間がもうひとつある。

住人たちが寝る部屋は、居間を除いた三つの六畳間だ。一部屋あたり三〜四人という割り当てで、ボドイたちがみっちりと集まり暮らしていた。

物件の大家は、取材当時七三歳の地元の老人で、貸家や空き地と同じ敷地内にある古い農家で暮らしていた。彼はちょっと変わった個性を持つ〝おおらか〟な性格の人物であり（私の取材時、全裸のまま庭で日光浴をおこなっていたほどだ）、貸家に不特定多数のボドイが出入りしたり騒いだりしていてもまったく気にしていないようだった。

元住人のボドイの一人は、彼らが兄貴ハウスで暮らすようになった理由をこう説明している。

「俺たち、あそこではベトナムと同じ暮らしができたんだ。周囲になにもないから、庭でニワトリを飼ってもそれをさばいても、みんなで宴会を開いて朝から晩まで騒いでも、誰にも怒られない。遠くから友だちも呼べる。車だって、いくら停めておいても誰も気にしない。怪しいナンバーの車でも、警察はやってこない」

ベトナム人は誰かの家で多人数で食卓を囲み、ワイワイ喋りながら手料理を食べることを好む。さらに近年の若者の場合、その様子をフェイスブックでライブ動画配信したり、TikTokに動画をアップするまでがセットである。

二〇二〇年十一月、私とチー君がはじめて兄貴ハウスを訪れたときは、すでに書いたように冷凍のアヒルとライギョを手土産に持っていき、家に上がり込むことに成功した。このときは夕食もごちそうになり、ボドイたちから蒸し鶏のほかに、近所の東山道公園のため池で釣ってきた鮒の唐揚げと、田んぼのあぜ道に生えていた野草の唐辛子あえで饗応してもらった。いずれもなかなか美味だった。

その後も私は、チー君やリン（第3章参照）を連れて、ドン・キホーテ太田店や隣接する大泉町のブラジル食品店で買い込んだ冷凍アヒルやベトナム焼酎のネップ・モイを手土産に兄貴ハウスに通った。やがて、相手の人数が多いためアヒル一匹では全員の口に入らないことに気づき、途中からは手土産を大量のコメやビール、タバコに変更した。訪問するたびに夕食を囲み、話を聞いていく。

「お前、本当に日本人なのか？」

何度目かの訪問のとき、そう言った彼らに自分はジャーナリストだと明かしたが、もはやあまり問題にされなかった。

住人たちは本来、ベトナム語ができない日本人をほとんど受け入れない。宴もたけなわのときに、これまでに貸家を訪ねてきたが追い払った記者たちの名刺を、ずらっと見せてもらったこともある。ただ私の場合、チー君たちがいることと手土産を欠かさなかったこと、さらに食事を毎回いっしょに食べていたことで、ある程度は信用してもらえたらしい。

密接に暮らす信頼し合わない人たち

こうして観察を続けているうち、彼らは一見するとアットホームで互いに支え合っている仲間同士であるかに見えて、実は個々のメンバーは意外なほど〝他者に冷淡かつ無関心〟という特徴を持っていることも見えてきた。

住人の一人であるボドイ男性と、個別に話をしたときにこんな会話をしたことがある。

「他の住民が来日前にベトナムで何をやっていた人か、どんな在留資格で日本にいるか、逃亡前にどんな実習先にいてどんな目に遭ったか、そういう話はしないの？」

「しない。詳しいことは誰も話さない」

「なんで？」

「この家の住人は、本当をいうとそこまでお互いを信頼し合っているわけじゃないんだ」

「でも、同じ家でいっしょに暮らしているし、いつもみんなで飲み会やってるでしょ？　フェイスブックを見ると、メンバーの誕生日パーティーを開いたりしている」

「ああ。それは楽しいからやるんだけど。実際は日本でカネを稼いで生活を送るうえでの、一時しのぎの協力者に近い」

兄貴ハウスの住人たちは、同じ屋根の下で寝食をともにして食費や生活費をシェアして、外部の敵（日本の官憲やマスコミ）に対しては団結して自分たちのナワバリを防衛する。だが、それぞれ他のメンバーが何者かはほとんど把握していない――。という、現代の日本人の感覚ではなかなかピンとこない人間関係のなかで暮らしているようなのだ。

ただ、流れ者ばかりでメンバーの流動性が高いので、彼らの空間を壊したり日本社会の常識を持ち込んだりしない限り、私たちのような第三者がそのなかに混じることはたやすい。私が夕食どきに彼らを訪ねて、シレッとした顔で食卓を囲み取材ができたのも、彼らのそうした性質ゆえだ。

貸家のボドイたちは、故郷に妻子を残してきた気の弱い二五歳の青年や、ジャンパー姿の寡黙な労働者、料理が上手な肝の据わったおばちゃん、「掃き溜めに鶴」という言葉がぴったりの若くて美しい女の子……と千差万別ながらも、多くは（不法就労と無免許運転以外の）反社会的な行動には積極的に加わっていないと思われる〝カタギ〟の男女である。

ただ、四〜五人のスキンヘッドや金髪の強面の男たちも、同じ家で寝食をともにしていた。中華圏やベトナムにおけるスキンヘッドは、警官や僧侶を除けば「不良の証し」だ。

兄貴ハウスのスキンヘッドたちも、ベトナム軍上がりなのか筋骨隆々とした男が多く、威圧感があった。肉体的な強靭さと、経済力や洒落っ気をアピールする目的なのか、彼らはアメリカのスポーツアパレルメーカー「アンダーアーマー」のコンプレッションウェアを日常的に好んで着る傾向があった。

「〇〇（兄貴不在時のスキンヘッドのリーダー格）は、何をやって暮らしている人間なの?」

「さあ。わからないし聞いたこともない。それぞれいろいろなんだ」

カタギ系の住民にスキンヘッドたちの正体を尋ねても、情報はほとんど得られない。最初は意識的に隠しているのかと思ったが、本当に知らないようだ。私が他の取材で出会う他のボドイや技能実習生たちも、やはり他人に深い関心を持たない傾向が強かった。これは日本にいるベトナム人労働者たち全体に共通した傾向だと考えたほうがいいのだろう。

「ところで、すごく気になってるんだけどさ……」

いっぽう、ある宴席で酒が進んでから、兄貴ハウスの男たちとこんな会話をしたこともある。

「ここって、健康な若い男がひとつの部屋に何人も雑魚寝してるわけでしょ？　性欲をどう処理してるの？」

「スマホで普通にエロ動画を見てるよ」

「いや、見るだけならいいけど、オナニーしたくなったらどうするかだよ。大勢でひとつの部屋を使っていて、襖にカギもかかっていない。この環境じゃ、エロ動画を見ても抜けないじゃないか」

「平気。気にしないでやる。ベトナム人は自由だから」

「すごいな。みんなそうなの？」

「人によるけど、オナニー中に誰かが部屋に入ってきても、気にしない人はそのまま続ける。部屋に入る側も、目の前で誰かがオナニーしていても別に気にしない」

生理現象だから見て見ぬふりをするということか。

ともかく、自慰をする姿を見られても平気なのに、お互いの個人情報は何も語らない。それがこの家で集まり暮らすボドイたちの人間関係だった。

札束を見せびらかす「末弟」

兄貴やスキンヘッドたちの〝正体〟は、酒食を重ねてもなかなか見えてこない。

そこであるとき、私はリンの協力を得て、太田市内でベトナムのコミュニケーションアプリ、Zalo の Nearby 機能を立ち上げてもらった。

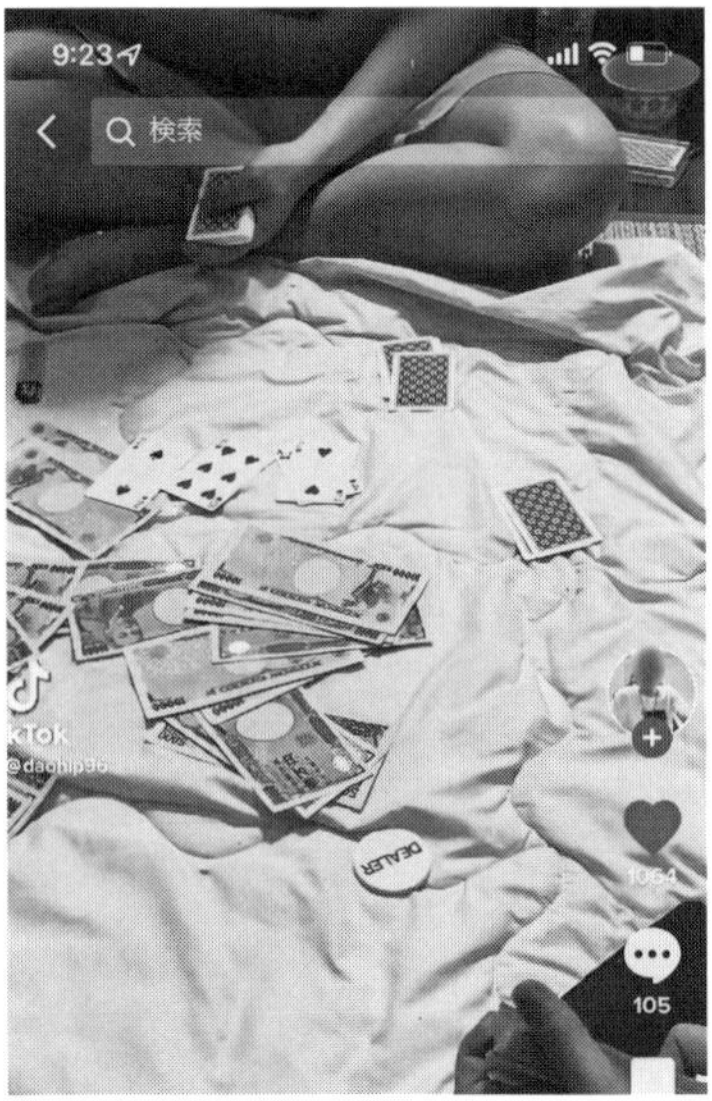

ショート動画投稿アプリのTikTokに投稿されていた、在日ベトナム人男性による賭博の現場動画。無造作に置かれた1万円札の数が、高レートの博奕であることを物語っている。

これはGPSを使って近所にいる他のユーザーを探す機能だ。ベトナム人男性の間では、もっぱらネットナンパのために使われている――。が、ボドイを取材する立場からは別の使い道がある。

Nearby機能は、現在地の近くにいる若い不良ベトナム人を根こそぎリストアップする、優秀な探知装置として活用することが可能なのだ（もちろん不良ではない人も引っかかるが、若い不良の場合、ナンパ目的のZalo使用率はほぼ一〇〇％である）。

調査した結果、髪を金色に染めた「群馬の末弟」（E Út Gumma）というハンドルネームの男性を発見した。彼は住所を太田市内に設定しており、アプリ上に表示された現在地からの距離は、私たちの接続地点から兄貴ハウスまでの距離とほぼ一致している。

「末弟」が兄貴ハウスに出入りしていることは、彼がZaloの個人ページにアップしている画像からも間違いなさそうだ。私たちとは出会ったことがないが、おそらく住人の一人だろう。画像のなかには、どこかの室内で七〇～八〇万円分の一万円札を見せびらかしているものもあった。どう見ても正業で稼いでいる人物ではない。

他にもフェイスブックやZaloで、兄貴ハウスに出入りしているらしきベトナム人男性のアカウントを調査したところ、似たような札束画像や賭博画像を確認できた。ベトナム人クラブらしき場所で、パーティーライトに照らされながら配信しているライブ動画をリアルタイムで拾ったこともある。

群馬県警による強制捜査が入った二〇二〇年十月二十六日に逮捕されたB・Hというベトナム人は、賭博の借金の返済をめぐるトラブルから同胞を拉致し、自宅（兄貴ハウス）に監禁した容疑が持たれていた。兄貴自身についても、四回目の別件逮捕では埼玉県深谷市の当時三三歳の在日ベトナム人男性を拉致した容疑がかけられている。兄貴は賭博の元締めなので、こちらもギャンブルがらみの事件だとみたほうがよさそうだ。

B・Hと兄貴はいずれも起訴までは至らなかったが、私が兄貴と会ったときの話の歯切れの悪さを見ても、探られては困る事情はあるのだろう。とはいえ、兄貴ハウスの住人らの口は重く（というより深い事情を知らなさそうな人が多く）、兄貴自身も喋らないのでは、実態がわかるわけはない。

「群馬の兄貴」の部下、実態を語る

だが、やがて二〇二一年六月になり意外な突破口が生まれた。

それは通訳のチー君だ。

彼は二〇二〇年春に関東地方の某国立大学を卒業してサラリーマンになったが、間もなく退職してフリーの通訳や日越間のコーディネーターとして働くようになった。そして二〇二一年初頭から、なかば好奇心ゆえに埼玉県内にあるベトナム人たちのシェアハウスで暮らしはじめた。日本生まれで永住権を持つチー君以外、他の三〜四人の住人はみんなボドイという（ただし「特定活動」の在留資格を認められているので不法滞在者ではない)、おもしろい環境である。

この同居人のなかに、なんと過去に短期間ながら兄貴の手下だった人物がいたのだ。

この男性については、ひとまず仮名でジュンと呼ぼう。顔色が浅黒く角刈り頭の、三〇代前半の寡黙な労働者だ。

彼はハノイから北西に六〇キロほど離れたトゥエンクアン省の出身である。二〇一七年に技能実習生として来日後、埼玉県秩父市の外壁施工業者で約三年働いたが、二〇二〇年二月末に逃亡した。逃げた理由は、在留資格を技能実習二号(二～三年目)から三号(四～五年目)に切り替えるにあたって社長に給料アップを持ちかけたが拒否されたためだ。虐待や極端な低賃金に耐えかねたのではなく、在留期間を強引に延長する目的から計画的にボドイになった人物だった。

「逃げてから草加市に行って、同じ外壁施工の仕事をやったんです。でも、コロナ禍がはじまって稼げず困っていました。そこで、ベトナムにいたときの(技能実習生の)送り出し機関で研修を受けた同期に『仕事ないか?』と相談をしたら、彼が〝群馬の兄貴〟を紹介してくれたんです」

二〇二一年六月十七日、チー君に連れられて私の仕事場にやってきたジュンはそう話した。

詳しい事情は伏せるが、彼は技能実習生時代に会社から費用を出してもらって、ある資格を取得している。彼はこの特技を兄貴に見込まれ、新田上中町の貸家の住人になった。

「兄貴ハウスの人たちって、家畜の窃盗はまったくやっていなかったんですか?」

「まあ……。そんなには」

「どういうこと?」

「いちど、『ニワトリを捕まえに行こうぜ』と言った仲間がいて、貸家から一〇キロくらい離れた場所にある養鶏場から頂戴したことがあります。コロナで仕事がなくて、みんな貧乏だったので……」

「派手に盗んだんですか？」

「いや、ブタやウシを組織的に大量に盗んだり、転売したりはしていないです。自分たちで食べるためにニワトリを何羽かかっぱらっただけ」

「兄貴が盗難を指示したり、いっしょに加わったりはしましたか？」

「それはないです。兄貴は別の仕事があるから」

「兄貴が薬物をやっていることはありましたか？　大麻くらいは簡単に栽培できそうな環境ですが……」

「それもない。兄貴はそういう、明らかに悪いことはしない人です」

ジュンが兄貴のところで働いたのは、わずか一ヶ月ほどだった。兄貴の素行をすべて把握できる立場ではなかったはずだが、確信を持っていそうな口調である。

拉致してボコボコに制裁

「そもそも、兄貴は悪党なんですか？」

私が尋ねると、ジュンは「完全に悪ではないが、善でもない」「立場によって違う」と不思議な説明をした。

「兄貴は何をやってメシを食っている人間なんです？」

「いろいろありますが、トラブルの解決です。たとえば、仕事の口入れ屋がいて……」

すこし補足説明が必要だろう。

ボドイたちは日本語能力が低い人が多く、加えてコロナ禍で「特定活動」資格が乱発される前まではお尋ね者の身分だったため、日本社会で自力で仕事を探すことが難しい。多くの場合はフェイスブックのボドイ・コミュニティなどで知り合った同胞の口入れ屋に、一定のマージンを支払って、ヤミで働ける職場を斡旋《あっせん》してもらう。

ただ、職業安定法を無視している口入れ屋も、ボドイを平気で雇う勤務先も、法的にはクロかグレーだ。当然ながらトラブルは多い。

「口入れ屋が紹介料を騙し取ったり、事前の話とは違う職場に送り込んだりすることがあります。そういうとき、被害者は兄貴を頼るわけです。兄貴は第三者の立場としてトラブルに介入して、不正なことはするなと叱りつける」

「それってタダじゃないでしょう?」

「もちろんです。仮に騙し取られた職業紹介料が一〇万円で、それを回収できたとすると、うち五万円は兄貴が手数料としてもらいます。あと、阿漕《あこぎ》なことをやった口入れ屋からも、罰金を取ります。言うことを聞かなければ制裁を加える。とても恐ろしいことになります」

一昔前までは日本のヤクザもよくやっていた、シノギの基本だ。日本の公権力が介入できない移民社会の内部のトラブルを解決できるのは、私的な暴力装置だけである。当然、仲裁に乗り出した兄貴がいちばん儲かる構図なのだが、被害者としては、泣き寝入りをするよりはまだマシというわけだ。

過去の取材では、コロナ禍のなかで妊娠した友人の恋人が無事に帰国できるよう、兄貴があれこれと手を尽くしたという証言を聞いたこともある。たとえ荒くれ者でも、情義に篤《あつ》く弱きを助ける男であれば、つき従う人間は出てくる。

もっとも、そんなリーダー性が悪い方向にあらわれることもある。

「兄貴の介入を受け入れない口入れ屋は、どんな目に遭わせるんです?」

「例の家(兄貴ハウス)に拉致してボコボコにします」

「兄貴は腕っぷしが強いんですか?」

「いや、兄貴は殴りません。兄貴の顔色を見て、舎弟たちが目の前でやってみせます」

拉致や暴力の下手人は例のスキンヘッドたちということか。ボスは明確な指示をくださないが、部下たちが意向を忖度し、暗黙の了解のもとで反社会的な行動を実行する。

大なるはどこかの総理大臣から小なるは群馬の兄貴まで、情緒的に人を支配できる能力を持つ権力者のもとでは、親分・子分の似たような構図の相互補完関係が生まれるのだ。

賭博、借金、拉致、身代金……

拉致と暴行といえば、近年になり在日ベトナム人がらみで似た事件が頻発している。たとえばこういう話だ。


三重県津市内でベトナム国籍の男性を連れ去り、男性の親族に身代金を要求したなどとして津地方検察庁は22日、ベトナム国籍の男4人を逮捕監禁などの罪で起訴しました。

逮捕監禁や拐取者身代金要求などの罪で起訴されたのは、群馬県に住むドー・クエン・アイン被告らベトナム国籍の男4人です。

起訴状などによりますと、4人は今年（筆者注、二〇二一年）1月、津市内に住むベトナム国籍の技能実習生の男性を無理やり車に乗せて群馬県伊勢崎市内のアパートなどへ連れ去り、男性の親族3人に身代金を要求したとされています。男性の体を拘束して監禁し、金属製のバットで殴打するなど全治1カ月のケガを負わせたとされています。

警察によりますと4人は、SNSのメッセージ機能などを使って身代金を要求し、親族から連絡を受けた技能実習生の受け入れ窓口となる団体が警察に連絡して事件が発覚したということです。

その後、1月11日に捜査員が伊勢崎市内のアパートへ踏み込み、4人を逮捕監禁容疑で現行犯逮捕していました。

（『三重テレビNEWS』二〇二一年二月二十二日「津で技能実習生連れ去り親族に身代金要求　ベトナム国籍の男4人を起訴」https://news.livedoor.com/article/detail/19738571/）


私は二〇二一年二月上旬、この津の事件と接点があった三〇代の日本人でベトナム語通訳の男性・北村氏（仮名）と知り合っている。彼によると、半年ほどのうちに日本全国ですくなくとも五～六件、似たような事件が明るみに出ており、そのうちのいくつかの関係者の通訳に携わったという。

一連の事件の概要はこうだ。まず、あまり利発ではなさそうなタイプのボドイや技能実習生たちに、同胞の不良ベトナム人がギャンブルを持ちかける。ソックディアというベトナム式の丁半博打やヤミ宝くじのローデー（第3章参照）が多いようだが、オンラインカジノの場合もあるようだ。いずれにせよ、被害者は賭博のタネ銭として高利でカネを貸し付けられ、数百万円単位の借金を背負う。当然、出稼ぎベトナム人労働者にとっては天文学的な数字だ。

やがて、カネを払えない被害者は拉致されて群馬県や茨城県のボドイ・ハウスに連れ込まれる。不良たちが集団で被害者を拷問し、テレビ電話や動画送信を通じて、その場面をベトナムにいる家族に送りつける。結果、どれだけお金がない家族でも、夫や息子を助けるために五〇万円くらいはかき集める。そのカネをベトナム国内にいる共犯者が回収するのだ。借金の取り立てというより、身代金誘拐に近い犯罪である。

「被害者にカネを貸す金主には、日本滞在歴の長い在日ベトナム人の大物が関係しているはずですが、ほとんどメスが入っていない。その下で拉致や暴行をおこなっている不良ベトナム人のリーダーは、ちょっとは捕まっていますが。あとは下っ端の逮捕者が多いですね」

北村氏によると、逮捕された下っ端たちの供述には「(被害者を)連れ出せと言われたから連れ出した」「見張れと言われたから見張っていた」といったものも多いという。つまり、自分の行動にどういう意味があるのかも理解しておらず、深いことは何も考えないままリーダー格の人物や同居人の言うことをなんとなく聞いただけ──。というわけで、事件の全容解明は非常に困難である。

「同じ屋根の下でいっしょに暮らしているのに相手のことをほとんど知らない、というボドイの人間関係を、警察は理解できていないんです。なので、ただ犯人グループと同居しているだけのボドイを逮捕したものの、事件についての情報は得られず……。といった事態が多く起きています」

北村氏が携わった事件は、兄貴とは直接関係がない。だが、まるで兄貴ハウスのカタギの住人とスキンヘッド軍団の関係について聞かされているかのようだ。

「兄貴」の本業

「――兄貴についても、この手のギャンブルがらみの拉致をやっていたんですよね？」

二〇二一年六月十七日、私が尋ねると、ジュンは「知っていたのか」といわんばかりの表情を浮かべた。

「ジュンさん、二〇二〇年秋に兄貴のところに行ったなら、働いた期間は長くないですよね。兄貴は十月二十六日に逮捕されていますから」

「その通りです。私が兄貴のところにいたのは、一ヶ月くらい」

「ギャンブルがらみの拉致監禁と暴行を、そのときに実際に見ましたか？」

「見ました。何回あったか、よく覚えていないくらい」

「ジュンさんがベトナム国内にいたとき、似たような光景を目にしたことは？」

「ない。日本に来てから、はじめてあんなのを見ました。日本は怖いところです」

この身代金誘拐が、群馬の兄貴の〝本業〟のひとつだったのだ。

ところで、取材時にはチー君の通訳を挟んだものの、ジュンは他のボドイよりもかなり日本語ができる。日本で資格を取得している点からもわかるように、コツコツと努力ができる性格の常識人だ。いくら職にあぶれていたとしても、兄貴のもとで働くのはキャラクターに合わないように思えた。

「いえ。ヤスダさんがどう感じているかはともかく、兄貴がすごい人なのは確かです。私は彼に仕えて本気で勉強になった」

「なぜです？」

「顔が広い。群馬だけじゃなく、大阪でも愛知でも兄貴のことを知っているベトナム人がいる。おかげで私も人脈が広がりました」

確かに私自身も、「俺は群馬の兄貴と会った」という話題と、自分のスマホに保存された兄貴の画像が、これまで在日ベトナム人取材のなかで何度も役に立ってきた。愛知県の留学生、岡山県の技能実習生、大阪のボドイ、上野のベトナムガールズバーの女の子……と、エリート層以外の若い在日ベトナム人なら、体感では五〜六割は兄貴のことを知っているのだ。

私は当初、兄貴は逮捕されたから有名なのだろうと思っていた。だが、兄貴はもともと在日ベトナム人社会の内部で、それなりに知られた人物なのであった。

「たとえば、私が面識のない人と会ったときでも『こいつは兄貴とつながりがある』と判断されると、一目置いてもらえるのです。日本国内でベトナム人と商売するときも、兄貴の知り合いであれば騙されない。相手が騙してこないからです」

これが兄貴に従うことで得られるパワーだった。

もっとも、二〇二〇年十月に兄貴が逮捕されてからは、在日ベトナム人社会における神通力は大きく下がったという。ジュンが群馬を離れ、新たに見つけたシェアハウスでチー君たちと同居する生活を選んだのも、カタギの世界に戻る潮時だと考えたためだった。

みんないなくなった

――そして、二〇二二年三月十六日。

私は約一年ぶりに兄貴ハウスを訪れていた。

かつてしばしばカーナビの目的地に設定していた、隣の「田舎屋」という食堂が倒産していた。ただそれ以外、家の周囲の様子はほとんど変わらない。近くのネギ畑には太いネギが相変わらずたくさん生えている。

だが、兄貴ハウスの周辺には人気《ひとけ》がなかった。家の外にゴミが放置されているのは以前と同じだが、よく観察すると生ゴミがカピカピに乾燥している。かなり前に出されたものなのだ。

貸家のうち手前の一棟は玄関のカギが開いていた。屋内に入ってみる。

見覚えのある室内には、衣類やスリッパ、食べかけのボトルガムなどが散乱していた。住人たちはかなりあわただしく、この家を去ったらしかった。

「もう、みんないなくなったよ」

実は前年六月にジュンに取材した時点で、そんな話を聞いていた。にわかには信じがたかったものの、なかなか群馬県まで来る用事がなく、現場の確認が遅れていたのだ。

ＬＩＮＥやフェイスブックで連絡がつく元住民の何人かに、兄貴ハウスが崩壊した理由を尋ねると、諸説紛々としておりはっきりしない。いわく、警察やマスコミが頻繁にやってくるので嫌気がさして放棄した。またいわく、数十万円規模の金銭トラブルが起きて相互不信に陥った……。実際はこれらの理由が複合した結果だろう。

兄貴は私のインタビューを受けた後、もういちど逮捕されたと聞いた。しかも、なんと勾留されている間に、家に置いておいたカネを住人の誰かに盗まれたそうだ。

かつては肩で風を切っていた有名人とはいえ、警察がしょっちゅうアジトに訪ねてくるようでは、往年のような無茶はできない。ゆえに周囲からナメられたのである。ことによると、他のスキンヘッドの誰かがクーデターを仕掛けたのかもしれない。

主がいなくなった兄貴ハウスで、乱雑な室内を眺めていると、貸家の饐《す》えた臭いが鼻を突いた。以前、住人がいたころは食材の匂いやボドイたちの体臭も混じっていたが、現在はそうした生きた匂いが消え、カビの臭気ばかりが強くなった。

私とチー君がこの部屋でボドイの宴会に加わる機会は、もはや二度とあるまい。

第5章

「日暮里のユキ」が見た日本人の性と老

日本の性風俗店紹介サイトのなかには、ベトナム語のページを持つものもある。この写真に写っている左手はユキのもの。彼女が自分のスマホで画面を表示させて、見せてくれたのだった。

Minetoshi Yasuda

わたしはカイゴのしごとしました

二〇二二年六月十日、日暮里の中華料理店でマスクを外したユキは、口元のひどい乱杭歯《らんぐいば》が印象に残る女性だった

歯の一本一本が、二五歳とは思えないほど黄色い。いかにもベトナムの農家の若奥さんという感じだった。ただし人相は悪くなく、タレ目気味の目元に愛嬌がある。口を開けているか閉じているかで、外見から想像できる年齢が一〇歳くらい違うだろう。

いっぽう、メイクは同年代の他のベトナム人女性よりも濃い——。というより、ほとんどケアをしていない日焼けした肌を、無理矢理に白塗りにしていた。髪は茶色のロングヘアーで、パサパサに荒れている。

第一印象は、約一年半前に牛久警察署で接見した、死亡ひき逃げ犯のチャン・ティ・ホン・ジエウ(第1章、第2章参照)と似た気配を感じた。群馬県太田市の兄貴ハウスにも、やはり似た感じのすさんだ雰囲気の人がいたので、これはボドイの女性の一類型と考えていい。

ただし、その後の会話からもわかるように、日暮里のユキは茨城県のジエウとはちょっと違う個性の持ち主だった。

「日本に来たのはいつですか?」

「二〇二一年一月」

「いつ、ベトナムに帰りますか?」

「二〇二三年十月二十五日」

日本語がたどたどしいのに、帰国の日付だけは口頭ですらすら暗唱してみせた。

ちなみにこの取材は、ちょうどチー君がベトナムに帰っている時期だったため、やむを得ず私一人で話を聞いた。簡単な日本語で会話をしながら、スマホを片手にGoogle翻訳の訳文を使ってのコミュニケーションである。

——あなたは、はやくベトナムに帰りたいですか？

「はい。わたしはとても帰りたい」

「そのとき、わたしは子どもに会います」

——あなたの子どもは、いくつですか？

「三歳です」

「わたしはいつも、彼に会いたい」

Google翻訳は、一文が短かく文法的に正確な原文を書き、翻訳結果を日本語や他の言語（英語や中国語）に何度か再訳してチェックすることで、訳文の精度がかなり向上する。

相手がカタコト程度でも日本語を話せて、かつマンツーマンの会話なら、かなり複雑な内容の意思疎通も可能である。ただし、これは会話の相手が、まどろっこしい翻訳の手間を嫌がらない人であることが前提だ。

では、なぜユキはそれでも根気強く取材に付き合ってくれたのか。多少のアルバイト料と引き換えに時間を取ってもらったこともあるが、それ以上に深く関係がありそうなのが、彼女の前職だった。

「わたしはじっしゅうせい（実習生）とき、カイゴのしごとしました」

日本語でそう話す。

技能実習制度の対象職種に介護職が追加されたのは二〇一七年十一月一日だ。導入が比較的最近なので、介護職出身のボドイはめずらしい。さておきユキには、言葉の通じない外国人──。すなわちコミュニケーションに時間がかかる相手と、介護施設で向き合っていたころの習慣がまだ残っているようだった。

「日本のどこで、仕事をしていましたか？」

「ヒロシマです。九ヶ月、はたらきました。それから、にげました」

介護施設を離れた彼女は、同胞の多い茨城県に移り、ボドイが多く働く農場の仕事を見つけた。一年ほど働いたという。

ただ、私の取材の一ヶ月ほど前から、とあるベトナム人男性の斡旋で上京し、別の仕事をはじめた。現在は日暮里にある「寮」に住んでいる。同居人は四〇代の中国人女性二人と、三〇歳のベトナム人女性一人だ。

「彼女たちとは、仲良し？」

「ベトナム人と、いっしょにごはんを作る。たべます。（二人の）ちゅうごく人は、はなし、しません」

もうひとりのベトナム人女性も、おそらく技能実習先を逃亡したボドイだ。

とはいえ、お互いの事情は詮索していない。

「東京は好き?」

「きらい。けいさつ、いっぱい。こわいです」

「東京の警察は真面目だから、ボドイが嫌がるんですよね」

「イバラギかえりたいです。でも、わたしが前にいたはたけ、いまほかの人はたらきます。のうぎょう(農業)のしごと、しょうかい(紹介)、ください」

現在のユキは他のボドイたちと同じく、特定活動の在留資格を認められており、一応は合法的な身分だ。なのに警察をひどく恐れる理由は、彼女が現在、非合法的な店舗で働いているからにほかならない。

彼女の「ユキ」という日本語名も、実は日暮里付近の違法性風俗店の源氏名だ。

中国人性風俗店の興亡史と「チャイエス女王」

スマホ画面の翻訳文をのぞき込んで会話をすると、顔の距離が近くなる。

彼女の髪や服からは、他のベトナム人女性にはない独特の匂いがした。

安いボディーソープとうがい薬とタバコ臭、さらに汗臭と体臭とカビ臭が入り混じった、ケミカルとも動物的とも形容しがたい臭気である。一昔前まで、巣鴨や大塚あたりですれ違う一部の中国人女性からも似た匂いがした。換気や水はけが悪くて不衛生な部屋で長時間過ごし、何人も客を取っている、チャイエス嬢によくある特徴だ。

チャイエスとは、チャイニーズエステの略称である。名前だけを聞くと美容施設のようだが、実態は男性向けの性風俗店だ。一昔前まで、在日中国人のアングラ事情を語るうえでは欠かせなかった話題である。以下、私の知識の範囲で説明しておこう。

チャイエスの起源は不明な点が多いが、在日中国人の出稼ぎ者が急増した一九九〇年代中盤以降、大都市圏の繁華街にできた中国マッサージ店が原型だと思われる。当初、中国人の女性従業員が客単価を上げるための追加サービスとして、日本人の男性客向けにこっそりと「手」を使った回春マッサージをおこなっていたところ、いつしか行為がエスカレートして売春がメインになったのだ。

ゼロ年代なかばごろには、東京周辺のチャイエスでは本来のサービスであるマッサージをほとんどおこなわなくなり、一時間あたり七〇〇〇～一万円程度でシステマティックに性行為を提供するようになった。一般的なソープランドなら遊び代が三万円程度は必要であることを考えれば、チャイエスの費用がいかに安いかは明らかだろう。もちろん、言うまでもなく違法な業態である。

ちなみに中国人は、性風俗の場で「量」を重視する傾向があり、往年は中国本土の最も安価な性風俗店でも、客の男性に女性二～三人を一気に提供する「双飛《シュアンフェイ》」や「三飛《サンフェイ》」を当然のようにおこなっていた（拙著『性と欲望の中国』文藝春秋）。その影響を受けたのか、日本のチャイエスのオプションメニューにもほぼ必ず3Pサービスが存在する。

ゼロ年代、都内のチャイエスは堂々と店舗を構える例が多く、二三区内だけでも上野や大塚・巣鴨などに、チャイエスが複数入居する風俗ビルが複数存在した。五反田・蒲田・高田馬場・錦糸町・小岩、さらに東西線の沿線各駅周辺にも、この手の店舗が数多くあった。

当時、都内で最も有名だったチャイエス入居ビルが、JR上野駅浅草口付近にあるマンション「アルベルゴ上野」だ。二〇一〇年十月、入居する七店舗一七人が売春防止法違反などで摘発されている。その際の報道によると、なんと一二階建てマンションの全二三四部屋のうち一〇〇部屋以上が、チャイエス業者と関係があったという（ちなみに逮捕された店舗経営者には、航空自衛隊元幹部をはじめ日本人も含まれていた）。

いっぽう、大阪のチャイエスは東京のように性行為だけを切り売りする形態には進化せず、同じ店舗で普通のマッサージと回春マッサージ、売春サービスを値段別に分けて提供する場合が多かった。

二〇〇六年ごろ、中国人の女友達の一人から、関西の伝説的な「チャイエス女王」の話を聞いたことがある。この「女王」は、二〇〇〇年代初頭に日本語学校に入学した直後から大阪の京橋でチャイエス嬢をはじめ、やがて仕事を継続しながら立命館大学に進学。日本での在留期間を延長するために大学院まで進み、京橋や東梅田の繁華街で荒稼ぎをしたという。当時の一部の私大では、留学生の大学院進学はかなり容易だったのだ。

修士号を取得して帰国したチャイエス女王のその後は不明である。ただ、日本でがっぽり稼いだカネを二〇〇〇年代のバブリーな中国に持ち帰り、不動産を買うなり会社を起こすなりしたのであれば、いまごろはそれなりの財産を築いている可能性が高い。

かつてのチャイエスの世界には、こうした「夢」のある話もないではなかった。

苦界の主役は中国人からベトナム人へ

もっとも二〇一〇年代に入ると、前述のアルベルゴをはじめ店舗型のチャイエスの摘発が増えた。

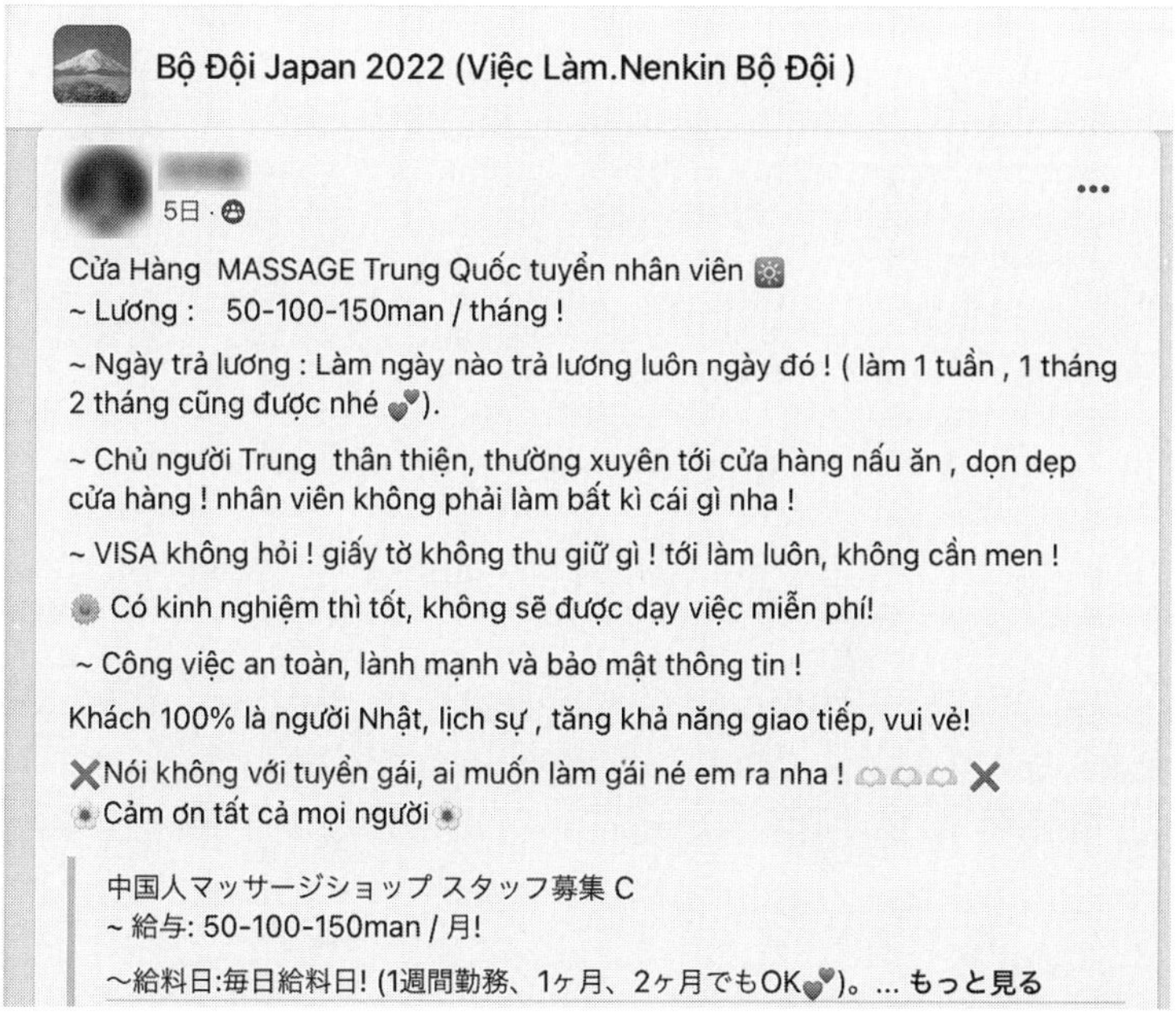
Bộ Đội Japan 2022 (Việc Làm.Nenkin Bộ Đội)
5日・
Cửa Hàng MASSAGE Trung Quốc tuyển nhân viên
~ Lương : 50-100-150man / tháng !
~ Ngày trả lương : Làm ngày nào trả lương luôn ngày đó ! (làm 1 tuần , 1 tháng 2 tháng cũng được nhé).
~ Chủ người Trung thân thiện, thường xuyên tới cửa hàng nấu ăn , dọn dẹp cửa hàng ! nhân viên không phải làm bất kì cái gì nha !
~ VISA không hỏi ! giấy tờ không thu giữ gì ! tới làm luôn, không cần men !
Có kinh nghiệm thì tốt, không sẽ được dạy việc miễn phí!
~ Công việc an toàn, lành mạnh và bảo mật thông tin !
Khách 100% là người Nhật, lịch sự , tăng khả năng giao tiếp, vui vẻ!
❌Nói không với tuyển gái, ai muốn làm gái né em ra nha ! ❌
Cảm ơn tất cả mọi người
中国人マッサージショップ スタッフ募集 C
~ 給与: 50-100-150man / 月!
〜給料日:毎日給料日! (1週間勤務、1ヶ月、2ヶ月でもOK)。... もっと見る

Facebookのボドイコミュニティに投稿されていたチャイエスの求人とみられる投稿。月収50〜150万円、日払い、食事を提供、ビザ不問……。と、いいことばかり書いてあるのだが。オーナーは中国人だと明記されている。

加えて二〇一一年の東日本大震災と福島原発事故によって日本への恐怖感が広がり、二〇一二年には尖閣問題で日中関係が悪化した。震災と尖閣の二重ショックが薄れたころには中国の経済発展が進んでおり、二〇一五年ごろにはGDPが日本の約二倍になった。さまざまな要因が重なったことで、単純労働を目的とした中国の若者は、もはや日本に出稼ぎに来なくなった。

二〇一〇年代後半になると、チャイエスで日本人男性を接客できる程度の「バイト日本語」が話せる中国人なら、インバウンド中国人観光客向けの免税店やドラッグストアで販売員として働いたり、日本のコスメやベビー用品を代理

購入（代購《ダイゴウ》）して中国国内向けに個人輸出したりするほうが、ずっと簡単かつ合法的にお金を稼げるようになった。

日中間の格差が縮小したことで、わざわざ格安の違法性風俗店で売春をおこなう若い中国人女性は激減する。結果、日本ではチャイエスという業態それ自体が下火になった——。

だが、近年の関東圏ではこの風潮にさらに大きな変化が生じている。

苦しい労働現場から中国人が消えたのと入れ替わるように、ベトナム人の出稼ぎ者が急増したからだ。

摘発を逃れるためか非店舗型のデリバリー形式が主流になった近年の格安性風俗産業の現場では、日本人や中国人の経営のもと、ユキのようなベトナム人女性が大量に雇用されている。

もとより売春防止法違反が前提の、コンプライアンス意識が根本的に存在しない業界だ。そこで働く外国人女性たちの多くは不法就労者である（余談ながら、健全な中国マッサージ店や中国スナックでも従業員がベトナム人に置き換わる動きが出ている。いっぽう、日本人の若者の貧困化やコロナ禍による渡航制限の影響から、近年はチャイエスに日本人女性が勤務する例も見られるようになった）。

二〇二〇年十一月には、日暮里・西日暮里付近に拠点を置くデリバリー式のチャイエス「美ワンダフル」が摘発され、四〇代の日本人と三〇代の中国人の経営者と、二四〜三五歳のベトナム人女性三人が逮捕されている。報道によれば、「美ワンダフル」はコロナ禍で困窮したり帰国困難になったりしたボドイやベトナム人留学生ら約三〇人を雇用し、月額一億円近い売り上げがあったという。

この業者は若いベトナム人女性を特に多く揃え、派手に商売をやっていたらしい。ネットで店名を検索すると、摘発から二年以上（二〇二二年末現在）が経ったにもかかわらず、実際に利用したらしき日本人男性客の口コミレビュー投稿やブログの体験記事が大量に引っかかる。

これらには店舗の利用方法や具体的なサービス内容を詳細に書いているものもあった。熱心すぎる「ファン」の情報発信が、摘発の端緒になった可能性もありそうだ。

違法性風俗の聖地としての日暮里

「仕事は忙しくないの?」

「ひるのじかん、ちょっとひま。だいじょうぶ。LINEのれんらく、あったら、いきます」

私の質問にユキがそう答えた。

都内から北関東世界への入り口となる上野・鶯谷から日暮里にかけては、安価なラブホテルやレンタルルームが多いこともあり、いまやデリバリー式チャイエスの新たな聖地だ。もともとこの界隈は以前から、韓デリ(韓国人女性が働く店)をはじめ、外国人女性をホテルに派遣して性行為をおこなわせる違法性風俗店が盛んな土地でもある。

「茨城の農園では、なにをしていたの?」

「やさいつくります。はこびます」

「なんの野菜?」

「いろいろ。いっぱい」

ユキを探し当てた経緯も説明しておこう。もともと、群馬県や茨城県の農園(第6章参照)で働くベトナム人を追いかけるなかで、一部の女性ボドイが東京の性風俗店に転職する例があると耳にしていた。

いっぽう、チャイエスはその安価さゆえに、実は日本人のみならずベトナム人男性の利用者もいる。たとえば第3章に登場したウーバー君たちのグループもそうだ。

「日暮里で働く女、ベトナム人、中国人、フィリピン人。でもベトナム人とやるのは恥ずかしい。中国人はおばさんばっかり。お母さんみたいな歳です。だからフィリピン人とやります」

とは、彼らのメンバーの一人が語った話だ。都内でネトゲカフェに入り浸りながら、フードデリバリーで生計を立てるベトナム人のヤンキーたちが性欲を発散させる場所は、この手の店舗なのである。

さておき、ユキについては、まず夜の世界に顔がきく広東君（第3章参照）に相談を持ちかけた。やがて彼を経由して、ボドイに職業を斡旋している別のベトナム人複数と接触し、面倒な折衝を何度か繰り返した末に紹介してもらったのである。

夜の世界はカネがあらゆる物事の判断基準だ。友人以外の人間から話を聞くときは、多少の黄白を介したほうがうまくいく。

ただしユキの場合、そうした雰囲気に染まりきっていないホスピタリティを感じる人物だったことも、本章の冒頭で書いた通りである。

出稼ぎの里・ゲアン省

二五歳のユキの故郷はベトナム北中部のゲアン省タイホアだ。

ゲアン省はベトナム最大の省面積を誇るが、全体の約八三％が山地や丘陵地帯で、耕地面積は限られている。いっぽう人口は三五四・七万人（二〇一九年）で全国四位だ。一人あたりの平均月収は二五四・三万ドン（約一万五〇〇〇円）で全国平均の約三分の二、ベトナムに六三ある省や直轄市のうちで五〇番目である（いずれも二〇一八年）。狭い平地に貧しい人たちがひしめく場所であることが、数字からもわかる。

気候は「ベトナムで最も過酷」とされ、冬は最低気温が一〇度台まで下がるいっぽう、夏には旱魃《かんばつ》が発生する。さらに南シナ海で発達した台風がしばしば最強の状態で直撃し、強風や洪水、高潮・塩水遡上の被害をもたらす。

いっぽう、王朝時代には科挙の合格者を多数輩出したことで知られる。また、日本とも縁が深い二十世紀初頭のベトナム民族運動（東遊運動《トンズー》）の活動家だったファン・ボイ・チャウや、国父ホー・チ・ミンの出身地でもある。一九三〇年には、ゲアン省と南隣のハティン省の農民らが、共産党組織の指導を受けて蜂起し、当時のフランス植民地政府や「地主階級」に反抗してゲティン・ソヴィエトというコミューン政権を建てた（ゲティン蜂起）。

いっぽう、ゲアン省は海外への出稼ぎ者が多いことでも知られる。やや古いデータだが、二〇一一年のベトナム労働傷病兵社会省海外就労管理局（DOLAB）の統計によれば、同年の海外就労者のうち、ゲアン省出身者は一五・二％を占めて全国一位。さらに北隣のタインホア省が一一・二％で二位、南隣のハティン省も六・四％で全国四位である。もちろん、日本への技能実習生の送り出し元としても、この北中部三省はしばしば名前が挙がる。

二〇一九年十月にイギリス東部のエセックス州で、トラックの冷凍貨物コンテナ内からベトナム人密航者三九人が遺体で見つかる事件があった。この犠牲者の大半もゲアン省とハティン省の出身者である。しかも彼らのなかには、日本で技能実習を経験してからイギリス密航を選んだ人がすくなくとも二人含まれていた。

かつて一九九〇年代、中国では福建省の出身者がしばしばコンテナ船に乗り込んで日本やアメリカに集団密航していたが、現代のゲアン省やハティン省の密航者たちも似たような存在である。往年に対日密航者が多かった福建省福清市の農村部には、日本で貯めたカネで建てた「出稼ぎ御殿」が数多くあるが、ゲアン省の村でも同様の光景が見られるらしい（『朝日新聞』二〇一九年四月十四日付）。当然、中国世界における蛇頭《シエトウ》（スネークヘッド）に相当する、密航や人身売買にかかわるマフィアの活動も活発だ。

ゲアン省を中心にタインホア省・ハティン省などの北中部各省は、貧しさや治安の悪いイメージからベトナム国内外の労働市場で出身地差別を受けることがある。実際にトラブルは多いらしく、韓国は二〇一八年から逃亡率が高い地域のベトナム人労働者の受け入れを拒否するようになったが、その際に指定された地域が最も多いのもゲアン省だった。日本の技能実習生の監理団体にも、同様の理由から北中部各省の出身者を忌避する例がある。

学問で立身出世、出稼ぎで一攫千金、徒党を組んでマフィア化、革命で社会変革――。

ゲアン人たちの行動の理由は一貫している。故郷の社会環境があまりに厳しいので、人々が運否天賦《うんぷてんぶ》の奇跡に賭けて人生の一発逆転を狙いがちなのだ。ゲアンは漢字で「乂安《がいあん》」と書き、世の中がよく治まって穏やかな様子を指す言葉なのだが、名は体を表さぬ地名である。

日暮里のユキもまた、厳しい事情を抱えて日本にやってきていた。

「おうち、おばあさん八七さい。おかあさん五六さい。しんぞう（心臓）のびょうき。おとうさんいない」

「だんなさんは?」

「りこんした。こども、三さい。いえでおカネかせぐ人、わたしだけです」

ユキは四～五年前に結婚したが、子どもをもうけてからすぐに離婚したようだ。日本に来る技能実習生のベトナム人女性に、こうしたパターンはめずらしくない。もっとも、本書第1章のジエウや、前著『「低度」外国人材』に登場した元技能実習生のハーが自分の子どもにほぼ無関心に見えたのに対して、ユキは子どもに言及するとき、ちょっとつらそうに目を伏せることが多かった。

いじめる、よくない

他のベトナム人技能実習生の例にもれず、ユキも出国時に一億七〇〇〇万ドン(日本円で一〇〇万円程度)の借金を抱えている。その後、技能実習生として広島県内の介護施設にやってきたことはすでに書いた。彼女にGoogle翻訳の画面を示しながら会話していく。

――あなたの職場の給料は、安かったですか?

「いいえ。月一三万円でした」

瀬戸内海沿岸のカキ打ち水産会社のように季節で月給が変動することもない。技能実習生としては必ずしも悪くない待遇に思える。

──では、あなたはなぜ、仕事を辞めたのですか？

「職場には九人の従業員がいました。外国人は私だけでした」

「彼らはとても悪い。心がよくない。仕事をさぼります」

──それはどういうことですか？

「食事介助、トイレ介助、（糞尿を吸った）パッドの交換、ぜんぶ私だけにさせる」

「おじいさんとおばあさんの身体を動かすとき。作業は二人でします。でも、彼らは私一人だけにさせる」

「私は日本語ができないです。不平を言えません」

──だから、あなたは広島から逃げましたか？

「はい。他の人（ベトナムの技能実習生）は、仕事が大変で、給料が安いから逃げます」

「私は仕事が嫌だからじゃない。いじめられたから逃げます」

介護業界は、職場ごとの環境の差異が非常に大きいとされる。専門資格を取得していない介護職員は、就職のハードルこそ低いものの、収入も比較的低くなる。いっぽう、認知症やさまざまな疾患を抱えた高齢者と我慢強く向き合ったり、汚物を処理したりする作業は、慣れないうちは強いストレスを覚える。

介護職にともなうストレスは経験が浅い職員ほど深刻だが、いっぽうで居心地の悪い職場は人材の定着率が低く、人手不足ゆえに長時間労働やサービス残業が常態化する。結果、職場の雰囲気がいっそう悪化するという慢性的な悪循環に陥っていく。

コロナ禍前、介護施設の職員による高齢者虐待件数は毎年増加しており、二〇一九年には過去最多の六四四件にのぼった（二〇二〇年に減少に転じたが、コロナ禍の影響で虐待が表面化しにくくなっただけだとも言われている）。これは一部の極端な例とはいえ、すさんだ雰囲気の職場は確実に存在している。

「みんな、たくさん、いじわるする」

ユキが日本語で言った。

「いじめる、よくない」

彼女の技能実習先もまた、運悪くそうした場所だった。

「Tân binh Emi（19）」（新人エミちゃん一九歳）

広島で働きはじめて九ヶ月後、限界を感じたユキは関東地方で仕事を紹介してもらえるという情報を得て、逃げることにした。介護施設を抜け出し、一人で新幹線に乗って茨城県に向かったという。

——あなたの情報源は、フェイスブックのボドイ・コミュニティですか？

「そうです。でも、ボドイ・コミュニティの話はウソが多い」
「ボドイに仕事を紹介する話。悪い人が多い」
——悪い人は日本人ですか？
「違う。ベトナム人がベトナム人を騙します」
「仕事をはじめてから、最初の一ヶ月目はお金を払う。次の月は払わない」

彼女が働いた農場の場所は、尋ねても最後までよくわからなかった。

当初は故意にはぐらかしているのかとも思ったが、他のことはなんでも詳しく教えてくれる人物である。おそらく同胞のブローカー経由で何度か騙され、職場をいくつか転々としたのではないか。

茨城時代の月収は一五万円前後だった。ボドイになると税金や保険が天引きされなくなり、それでこの値段である。介護施設で働いていた時期と二万円しか違わず、不法就労によって自分の身分が不安定化したことを考えると、あまり割に合わない。ただ、それでも出国前の借金は返済できた。

やがて二〇二二年五月、別のブローカーの誘いに応じて日暮里で身体を売ることにした。「良い仕事ではない」ので長く続けたくないというが、収入は以前よりもいい。実家への仕送りが増えるのだ。

「ふうぞくのしごと。げっしゅう、三〇万〜三五万円くらいです」

店長は中国人だった。寮としてあてがわれたアパートの部屋で、昼ごろから深夜二時までＬＩＮＥの連絡を待つ。ひとつ屋根の下で中国人とベトナム人ら三人の同僚たちと暮らしているが、薄い付き合いしかないことはすでに書いたとおりだ。

ユキから、大手の性風俗店紹介サイトに掲載された店舗の「女の子紹介」のホームページも見せてもらった。なんと表記がベトナム語で、「Tân binh Emi（19）」（新人エミちゃん一九歳）、「Xác nhận số điện thoại tham dự」（出勤ＴＥＬ確認）などと書いてある。

ＯＳの言語設定がベトナム語になっているスマホからアクセスするとこうなるようだ。女の子の募集ページもやはりベトナム語のものが見つかった。日本の夜の業界の紹介ページが、レイアウトはそのままにクォックグー（ベトナムの表音文字）で溢れている光景はインパクトがあった。

「この人、ほんとうは、りゅうがくせい。ベトナム人」

「この人、お店のとし（齢）は二一さい。ほんとうは三九さい。ぜんしんせいけい（全身整形）。すごくこわい。ちゅうごく人」

他の従業員について教えてくれる。「あなたの写真はどれ?」と尋ねたところ、「ユキ」のプロフィールページを見せてくれた。彼女の面影をわずかに残した女性が、分厚いメイクにかなり強いライトを当てられたらしく真っ白な顔をして、口を閉じて微笑んでいる。

――ホームページをより詳しく見せてもらう。

ユキの店のサービス料は四〇分コースが七五〇〇円で、六〇分コースが八五〇〇円。さらに九〇分～一八〇分（一万三〇〇〇円～二万五〇〇〇円）のコースもあるが、店舗の性格上、こうした高いコースを選ぶ客は多くない。チャイエスの「名物」である、女性二人が相手をする「ハーレム３Ｐ」六〇分コースは一万七〇〇〇円、３Ｐの九〇分コースは二万六〇〇〇円である。

女性の指名料は別途一〇〇〇円だ。

ちなみに、女性が得られる金額は客が払う値段の半額程度である。

スケジュール表を確認すると、彼女の名前は毎日掲載されていた。週末も休みはなさそうだが、生理休暇が一週間あるとして、一ヶ月の実働日数は二三日。客の多くが六〇分コースを選ぶと仮定して計算すれば、接客人数は一日あたり約三〜四人だ。

さらにユキの名前の下には、対応可能な「サービス内容」がこう書かれている。

バイブ責め　可能
オナニー鑑賞　可能
顔射　可能
聖水　可能
アナルなめ　可能

「……イヤなお客さんはいますか？」

「いない。だいじょうぶ」

ユキはそう話したが、性風俗産業に限らず、接客業の客質は価格設定とほぼ相関する。

言うまでもなく、前途のある爽やかな若者や社会的地位の高い紳士が、日暮里の路地裏のカビ臭い格安レンタルルームで、口元から黄色い乱杭歯をのぞかせたバツイチ子持ちの不法就労者と四〇分七五〇〇円で性交したがる例は多くないだろう。

店にやってくる男性は、やはり所得が比較的低く私生活も孤独だろうと思われる、四〇〜七〇代の貧相な感じの人物ばかりだ。

かつて広島の介護施設で、ストレスを募らせた日本人職員にいじめられ、老人の汚物の処理を押し付けられていた対価は月収一三万円。対して日暮里で一日に三〜四人、不景気を絵に描いたような中高年男性の欲望の放出に付き合って月収三五万円である。

いずれにせよ、それがユキが日本で見てきた風景だ。

排泄物と体液の臭気にまみれながら、常に不機嫌な表情を浮かべた貧しい日本人たちのご機嫌を取り続けることが、彼女の仕事なのだった。

私は静かに眠りたい

取材の最後にZalo の連絡先を交換した。

彼女のプロフィールページのタイムラインを確認すると、最初の投稿は二〇二一年十一月だ。ベトナム人のSNS投稿にはめずらしく、友達や子どものスナップや旅行の写真がまったくない。おそらく、ボドイになってから作った捨てアカウントだろう。

投稿は数ヶ月に一回程度で、決して多くない。だが、私がユキと会ってから約一ヶ月後の二〇二二年七月十二日に、こんな文章が投稿されていた。

Nhiều người cứ than phiền buồn.
Còn mình trông cho "Buồn" để ngủ cái mà rõ khổ...
Thức thâu đêm suốt sáng.

チー君にこの文章を送り、意味を尋ねると「詩人ですね」と感想がきた。ベトナム人の若い女性は、悩んでいたりつらかったりするときにSNSに詩を書き込むのだ。

ユキはこの文章で、「寂しい」と「眠い」の両方の意味を持つ「buồn」という言葉を繰り返して韻を踏んでいる。すこし言葉を補って意訳すると、こんな感じになるだろうか。

みんな寂しさを口に出す。でも、
私は静かに眠りたい。つらさを夢で覆いたい。
なのに朝まで眠れない。だからつらさは消えもしない。

もともと、チャイエスが格安の売春施設として都内に定着した約二〇年前から、彼女のような外国人のセックスワーカーは、繁華街の路地裏でひそかに働いてきた。日本とは大きな経済格差のある故郷からやってきて、家族や自分の将来のために厳しい環境に耐える人は常にいる。そういう意味では、彼女と同じような思いを持つ人も、やはり昔からたくさんいた。

ただし、二〇年前の日本はまだしも豊かだった。修士号持ちのチャイエス女王は極端な例にせよ、それなりに夢を持って働く人すらいた。

しかし、いまや違法性風俗産業の世界を通じてすら日本の行き詰まりが見え隠れし、閉塞感は社会の最末端に降りるほど色濃くなる、そんな空間で働くことは、仕事それ自体のつらさに加えて、気持ちがいっそう滅入るのではないか。

「さいきん、げんきですか?」

この章の原稿を書いていた七月二十七日、ユキとひさしぶりにZaloで連絡を取った。すぐに「はい」と返信があったので、続けて質問する。

「まだ、にっぽりに、いますか?」

「いません。にっぽりのしごと、やめた」

「いまはどこにいますか?」

「いばらぎ」

「のうぎょうの、しごとを、はたらきます」

表示された文字列にほっとしている自分に気づいた。茨城県の農場に戻れたようなのだ。

ユキがゲアン省の村に帰るまで、あと一年三ヶ月の我慢である。

そうすれば、彼女はようやく息子に会える。

第6章 殺し合うボドイたち

ホア夫妻は子ども2人をベトナムに残して、ともに技能実習生として来日。夫はボドイになり和歌山で刺殺される。この2葉の画像は事件の後、遺族が在日ベトナム人のフェイスブックコミュニティにアップしていた遺影と、家族写真。

和歌山の陰鬱な空と無残な事件

北関東とは別の土地の話から書いていく。

二〇二一年五月二十日、和歌山県田辺市下万呂《しもまろ》の空には暗灰色の乱層雲が垂れ込めていた。この年の関西は初夏から雨続きで、気象庁が観測史上最も早い五月十六日に梅雨入り宣言をおこなったほどだった（後に修正され、梅雨入りは六月十二日になったが）。

確かに「梅雨」の景色である。目座橋という変わった名前の橋のたもとに立つと、右手には左会津川なる二級河川が増水した茶色い水であふれ、川辺の草むらを洗っていた。

目の前に伸びる川沿いの土手の上には、もとは二〜三本の苗木だったのが一本に絡まって成長したらしき大きな広葉樹が枝を伸ばし、樹下に設けられた地蔵堂に雨滴を垂らしている。じとじとと降る霖雨《りんう》と、鬱蒼と伸びた枝に包まれた路傍の小さな地蔵堂はよく似合っていた。

つい前日まで、雲ひとつない瀬戸内の爽やかな空の下にいた（第2章参照）のが嘘のようだ。私とカメラマンの郡山、通訳のチー君の三人は、岡山での取材を終えた後、西日本で起きたベトナム人がらみの他の事件を聞いて、長駆して和歌山県にやってきたのだった。

今回の事件は、迎え梅雨の空模様そのままに陰惨である。

私たちが来る八日前、この下万呂集落のアパートの一室で、ベトナム国籍で二三歳（事件当時、以下同じ）のグエン・クオック・カーが、同じくベトナム国籍で三八歳のグエン・マン・ホアを刺殺したのだ。なお、加害者と被害者はたまたま同姓だが、ベトナムは人口の約四割がグエン（Nguyễn、阮）姓であり、両者に近しい血縁関係はない。

――ひとまず、現場の周囲を調べていく。

事件があったアパートは、地蔵堂のある土手を左に曲がると広がっている集落の右手奥、路地の突き当たりにあった。部屋はわずか二部屋で、一階と二階部分がつながったメゾネットタイプ……。と、洒落たカタカナの語彙で説明せざるを得ないものの、実際は昭和五十年代ごろに建てられたと思しき古い集合住宅だ。

ただ、二部屋ともインターホンを押しても反応がない。時刻は平日の午後二時なので、誰も出てこないのは当たり前だろう。

まずは聞き込みを進める。

集落の入り口には事件現場のメゾネット住宅よりもさらに古い、築年数も定かならぬ長屋のような集合住宅がいくつかあった。そのうちで左会津川にいちばん近い家は、いくつもの水槽を並べて金魚を飼い、観葉植物を何鉢も育てていた。

かなり長く暮らしている住人だろう。年配者であれば平日でも家にいる可能性が高い。そう見当をつけて引き戸に手をかけると、鍵がかかっておらずガラッと開いた。

呼ばわると、七〇代くらいの男性が出てきた。

こちらの身分を明かして事件の話を聞かせてほしいと述べると快諾してもらえた。なんと彼は事件の第一目撃者で、発生直後には新聞の取材も受けたらしい。

しかもありがたいことに、地方の高齢者としてはかなり言語明瞭に、筋道を立てて話をしてくれる人だった。ひとまず、仮名を高野としておこう。年齢は七二歳だ。

血まみれの男と去った若者

――その日もやはり、冷たい雨が降る陰気な日だった。

五月十二日水曜日の午後三時二十分ごろ。長屋の屋内にいた高野は、玄関先に人の気配を感じた。引き戸を開けると、奇妙ないでたちの三人の若い男が傘もささずに立っていた。

「みんな〝外人《がいじん》〟でしたわ。年齢《とし》のころは二〇～三〇代。ひとりは上半身裸で下半身は短パン、裸足でした。その上半身裸の子が、カタコトの日本語で救急車を呼んでくれと言うんです。だから、隣の家の人に救急車を呼んでもらった。僕は彼らからついてきてくれと言われたから、アパートに行ったんです」

彼らのアパートは、長屋から一五メートルほど離れた場所にある。例のメゾネット住宅だ。

高野の記憶では、この外国人の若い男たちが下万呂集落で暮らしはじめたのは、事件の約一ヶ月ほど前の二〇二一年四月中旬ごろからだった。

「そこの前の道のところにね、朝の六時、七時になるとよく『なにわ』ナンバーの白いバンがやってきて、あの子たちを拾っていたんです」

太陽光パネルの設置などを手掛ける建設会社だった。もっとも、間に別の派遣会社を挟んでいた可能性もあるので、若者たちの正確な雇用元がどこかはよくわからない。

メゾネットの部屋は日本人の個人名で契約されており、離れた場所に住んでいる大家は居住実態を把握していなかった模様だ。だが、実際はベトナム人労働者たちの寮となっていて、さらに来歴不明の別のベトナム人が流れ込んでくるという、なかば兄貴ハウス（第4章参照）のような物件に変貌しつつあった。

いっぽう、下万呂集落の住民の多くは、自分たちの生活空間にいつの間にか住み着いた外国人労働者たちを敬遠していた。彼らは行政側から把握されていない移住者たちであり、ゴミ捨てのルールも理解していない。近所にはうっすらと反感が広がっていたという。

だが、高野は三人の若い男たちと面識があった。ある朝、朝刊を取るときに出勤前の彼らと挨拶を交わしたことがあったからだ。もっともそれ以上の接点はなく、高野自身も事件が起きるまで、異国の若者たちがベトナム人であることさえ知らなかった。

いっぽうで若者三人にとって、高野は異国の生活で唯一、ごくわずかとはいえ人間的なかかわりを持った日本人だった。

その奇縁ゆえに、高野は連れて行かれた先で凄惨な場面を目撃することとなる。

「玄関から上がった場所が板の間になってたんですけど。のぞき込んだら全身血まみれの人が横向きに倒れてたんです」

被害者のホアだった。まだ息があるかどうかの判別はつかなかった。

「床は血だらけですわ。食べかけの食事が入った皿やら、飲み物のコップが散らばってました。直前まで宴会でもしていたような感じですな。刺した人はもう、現場にはいなかったです」

そして、さらに奇妙な光景に出くわした。

「ボストンバッグをかついだ若い〝外人〟の子たち三人が、血の海から出てきて、そのまま靴を履いてどこかに行ったんです。僕を呼びに来た三人とは、別の子たちでした」

「まずい現場を見られたとトンズラした感じですか？」

「いや、慌てて走って逃げる感じではなかったね。ヌーッと何事もなかったような顔で出てきて、そのままヌヌヌッと普通に歩いて去っていったんです」

やがて救急車が到着し、ホアは市内の病院へ搬送されたが、一時間後に死亡した。

いっぽう、高野がアパートを訪ねる前に、犯人のカーは現場から姿を消していた。周囲には幼稚園や小学校があり、刃物を持った男が逃走中であるとして厳戒態勢が取られたが、やがて事件発生から一〇時間後に捜査員が付近でカーを発見。警察に任意同行させた。

現場から「ヌヌヌッと」姿を消した他の三人についても警察の追跡が及び、ほどなくJR紀勢本線の無人駅で身柄が確保された。やがてこの三人は事件に無関係だったとされ、翌日にカーだけが殺人罪などで逮捕された。

加害者・被害者ともに、住所不定・無職であると報じられた。私が捜査関係筋に確認したところ、カーとホアを含むベトナム人八人はすべて「日本にいてはただちにダメな」立場ではなかったというので、おそらく特定活動の在留資格を認められていたのだろう。

すくなくともカーとホアの二人が元技能実習生で、不法就労を経験したボドイだったことは確実である。

夫はボドイになり和歌山で死んだ

「夫が日本に来たのは、二〇一九年三月です」

被害者のホアの妻は、フェイスブックメッセンジャーの通話機能を介してこう話した。

高野に話を聞いた後、私たちはいったん下万呂集落を離れ、所轄署に立ち寄り情報を集めた。ホアの刺殺事件は当時の在日ベトナム人社会ではそれなりに話題になっており、フェイスブックのボドイ・コミュニティを注意深く調べると、ほどなくホアの妻のアカウントが見つかった。そこで電話してみたのである。

「夫はもともと技能実習生で、京都で働いていたんですが、コロナの影響で収入が下がって困っていました。なので、二〇二一年の春に実習先から逃げることにしたんです。最初は福岡のほうに行って、解体の仕事をしていたそうですが……」

ホアと妻はハノイから南西四〇キロほどの場所にあるホアビン省の出身だ。首都に隣接する省とはいえ、少数民族ムオン族が人口の六割を占める山岳地帯である。省民一人あたりの平均月収もベトナムに六三ある省・直轄市のうちで五三位（二〇一八年）。なんと第5章で登場したゲアン省よりも、数字の面では貧しいとされる地域だ。

地元で結婚していたホア夫妻も、やはり生活が苦しかったのだろう。日本での出稼ぎを決め、幼い男女の子ども二人を残して夫婦がそれぞれ技能実習生になっている。

やがて京都の鳶《とび》の会社に配属された夫に対して、一ヶ月遅く日本に入国した妻は淡路島の玉ねぎ農家で働くことになった。たとえ夫婦で日本に来てもいっしょに暮らせず、単身赴任を余儀なくされて一年間に数回も会えないのが技能実習生という身分である。

ホアが逃げた理由は、コロナ禍で鳶の稼ぎが悪くなったことに加えて、ボドイになることで移動や職場選びが自由になることも大きかったようだ。やがて福岡の職場から本州の和歌山に移った理由は、紀淡海峡の向こうに妻が暮らす淡路島があったからに他ならない。

事件後にベトナム人のネットコミュニティで流れたホアの顔写真を見ると、背が高く痩せ型で、いかにも気苦労が多そうな大人《おとな》の男の顔である。写真を見る限り、暴力的な事件の当事者になりそうな気配は感じられない。

いっぽう、加害者となったカーが来日したのも二〇一九年三月だった。技能実習先を逃亡した時期は不明ながら、しばらく群馬県をはじめ北関東のボドイ世界で職を転々とし、やがて関西方面に移ったことが明らかになっている。

カーのフェイスブックページを見ると、過去にベトナム人民軍への従軍歴があったようだ。もっとも写真を確認する限り、本人は色白で線の細い、覇気のなさそうな若者で、迷彩服姿はあまりサマになっていない。ただ、来日後に頭髪を茶色に染めたらしく、小悪党じみた気配を感じさせる写真も数葉ある。

後日、二〇二二年六月十四日に和歌山地裁で開かれた初公判で明らかになったところでは、カーとホアは、新たな仕事があって人手が集められた二〇二一年五月に大阪府内の集合場所で知り合い、いっしょに下万呂までやってきたという。

「夫から『和歌山に着いた』とメッセージを受け取ったのは、五月十一日の夜十時ごろです。翌日に太陽光パネルを取り付ける仕事の面接に行くと言っていました」

ホアの妻は言う。つまり、ホアが現場のアパートに流れ着いたのは事件の前夜だ。

「夫がなぜ殺されたか？　わかりませんよ。私が教えてほしいです。子どももまだ小さいのに、どうすれば……」

たまたま同じ年の同じ月に来日したものの、ボドイ化してからは北関東方面にいた二三歳のチンピラ男のカーと、西日本で働いてきた三八歳で妻子持ちのホア。現代日本の社会の最底辺をそれぞれの立場で生きてきた、年齢差が一五歳もある二人の出稼ぎベトナム人の運命を結びつけたのは、何気なく目にした求人情報だった。

やがて彼らは誘蛾灯に導かれるかのように、これまでの人生で縁もゆかりもなかった下万呂の安アパートに吸い込まれ、理不尽な事件の当事者になったのである。

近すぎる肉体的距離とドライな人間関係

事件の直後、在日ベトナム人のニュースを扱うフェイスブックのチャンネル『TAIHEN Đời Sống』のコメント欄に、ホアの遺影が安置された祭壇の写真とともに書き込まれた情報がある。

こちらによると、当日は雨が降ったことで太陽光パネルの仕事の面接が流れてしまった。そこで八人のベトナム人労働者が集まって、平日の昼間から飲み食いをしていたという(ボドイたちの宴会好きは、本書をここまで読んだ人ならすでにおわかりだろう)。

だが宴会中、きちょうめんな性格だったというカーが、生活態度をめぐって年上のホアに抗議。やがて酒の勢いもあって双方の口論がはじまり、やがて殴り合いに発展した。そして、激昂したカーが、たまたまポケットに入っていたナイフでホアを何度も突き刺した——。

この投稿は、本来はほとんど接点がないはずの加害者のカーとホアの遺族の双方の事情について、いずれも精度の高い情報が書かれており、特に殺害経緯の記述には臨場感があった。投稿を見つけたチー君の見立てでは、捜査を手伝ったベトナム人通訳者が書き込んだのではないかという（実際、一年以上後におこなわれたカーの裁判で出た情報を見ても、話は大きく外れていなかったようだ）。

後日の公判における検察側の冒頭陳述によれば、事件当日は共同生活のルールをめぐる口論から両者がもみあいになり、ホアがカーの太ももに噛みついたので、カーがバタフライナイフで反撃してホアの首付近を刺したとされる。傷の深さは約一〇～一二センチメートルにおよび、ほかにも頭や脇の下などに複数の刺し傷があった。二〇二二年六月二十三日の一審判決では、ホアが先に殴りかかったことが認められたが、刺したカーには殺意があったとされ、懲役八年の判決がくだされている。

「生活態度」をめぐる不満といっても、カーとホアは知り合ってから長くとも数日、もしかしたら同室で一泊しただけの薄い関係である。酒が入っていなければどうということもないような諍《いさか》いだったのだろう。

近隣住民の高野が目撃した、血まみれの現場から「ヌーッと」出てきて、そのまま去っていった三人の男の奇妙な振る舞いも、これまでに取材してきたボドイたちの行動のパターンからすれば納得がいく。

群馬県の兄貴ハウスの住民たちからもわかるように、彼らは日本人の官憲やマスコミに対しては排他的な団結を見せる。また、見ず知らずの相手と同じ寝具で寝ることも、同居人の目の前で自慰行為をおこなうことも気にしないほど身体的・空間的な距離感が近く、車両や食料・タバコなどの資源もすすんで融通し合う。そして、よくわからない相手とも嬉々として酒席を囲み、胸襟を開いて振る舞う（ように見える）。

だが、いっぽうで非常にドライな面もある。たとえ同居人であっても相手の本名や年齢・経歴・在留資格などの素性は詮索せず、そもそもそんなことを知ろうという考えもあまりない。収入の機会や雨露をしのげる住居、賭博や宴会の楽しい時間など、広い意味で自分の利益になることは他者からどんどん得ていくいっぽう、自分の不利益になる物事があるとみれば、それまでの人間関係を容赦なくリセットして去っていく。

高野が目撃した三人のボストンバッグ男たちも、直前まで酒席を囲んでいたカーやホアと、おそらくほとんど面識がなかった。ゆえに、事件が自分の身に面倒を及ぼすことを嫌がったのだ。

血を流している瀕死の同胞を救護するでもなく、かといって凄惨な殺人宴席に怯えて逃げ出したわけでもない。何事もないような顔であっさり去っていったのは、やはりボドイならではの他者への乾いた姿勢を感じさせる行動だった。

キッチンに広がる毒の沼

話の舞台を、私たちが現場を訪ねた二〇二一年五月二十日の午後に戻そう。

ホアの妻への電話取材を終えた私たちは夕方まで時間を潰してから、近所のスーパーで缶ビールとコメを買い込んだ。

理由は言うまでもなく、事件が起きた部屋に再び突撃するためだ。

過去の取材例から考えると、たとえば二〇二〇年十月二十六日に群馬県警のガサ入れを受けた太田市の兄貴ハウスや、その前後にアパート内の浴室でブタを解体したことでボドイ数人が逮捕された埼玉県本庄市の賃貸物件（拙著『「低度」外国人材』参照）では、仲間の逮捕後も一部の住民が同じアパートに住み続けていた。

彼らは身元が不安定で、経済的に逼迫した不法滞在者や帰国困難者たちだ。たとえ逮捕者が出た場所だろうと、他に行くあてがないので部屋に残っている場合がある（他人に対する関心が弱いために、同居人が逮捕されようと気にしていないという理由もある）。

そもそも、私が普段の取材地である北関東から大きく離れた和歌山県のボドイ殺人事件に関心を持った理由も、事件発生からほどない時期ならば、仲間が同じ部屋に残っている可能性があると考えたためだった。

たった八日前に人が刺殺された部屋にビールを持って上がり込み、殺人宴席の参加者と酒を飲んで当日の話を聞けば、前代未聞の記事が書ける。詳しくは後述するが、近年の日本ではベトナム人労働者による同胞の刺傷・刺殺事件が頻発しており、その実態をリアルな体験を通じて描き出すのは意味のある行為だと思えた。

——だが、先に結論を書けば、事件現場のアパートには誰も残っていなかった。

集落の住民への聞き込みで、ボドイたちの部屋は容易に特定できた。屋外に置かれた洗濯機の脱水槽には作業着が入りっぱなしである。ごく最近まで室内で生活が営まれていたことは明らかだ。

そのため、夕方になれば住人が戻ってくるのではないかと考えた。通常、屋外作業に従事するベトナム人労働者は、たとえ残業があっても日没ごろには帰宅する。家の前で張り込んでいれば、かなり高い確率で住人を捕捉できるのだ。

しかし、曇り空が夜空に変わりはじめた午後六時半を過ぎても誰も戻らず、室内の電気も消えたままだった。

アパートの裏は休耕田のような原っぱである。そこで私と郡山はそちらに回った。一階の雨戸が閉じられていたが、思い切って外から開けてしまう。そして、ガラス窓越しに室内をのぞき込んだ――。

「ああ、これは」

思わず口から声が漏れ、私はすべての事情を了解した。

いくら行き場に困っていても、こんな部屋に住民が戻ってくるはずがない。

ホアが刺殺されたキッチンのある板の間は、事件直後に高野が見たときのまま、血の海に沈んでいたのだ。

板の間の約三分の一を覆う巨大な血溜まりは、遠目に見ると毒の沼のように見える。この「沼」の岸辺には、ボドイたちが事件の直前まで用いていたらしい箸や紙皿、ビールの空き缶、ペットボトルなどが散らばっていた。惨劇から八日が過ぎたことで、血液は床にこびりつきドス黒く変色している。

そして板の間の奥――。すなわち、裏の窓の外にいる私たちから見た手前には、居間として使われていたであろう六畳ほどの広さのフローリングの部屋があり、敷き布団が二組、乱雑に二つ折りになった状態で残置されていた。布団がのけられて床板が見えている部分には、裸足に血をつけたまま歩き回ったらしき足跡が残っている。

赤黒い足跡は、ボドイたちの荷物の収納場所らしき襖の外された押入れ付近に多い。おそらく、高野が来たときに部屋から「ヌヌヌッと」去った三人が、自分のボストンバッグを取ろうとしたときに残したのではないか。

また、室内には旅行用の大きなスーツケースと、赤色のリュックサックがそれぞれひとつずつ残っていた。両方とも加害者のカーのものだろう。他の住民は自分の荷物を持って出ていったはずで、またホアについても、淡路島の玉ねぎ農家から休みをもらった妻が、和歌山まで遺体を引き取りに来ている。遺品は持ち帰るなり処分するなりしたと考えるのが自然である。

死亡したホアは和歌山県内で荼毘《だび》に付され、私たちの取材のしばらく後、神戸市長田区にあるベトナム仏教寺院・和楽寺（Chùa Hoà Lạc）で葬儀が営まれた。

五万人に一人が刺殺される日本のベトナム人たち

今回の下万呂事件は、いわば肉体労働者の飯場《はんば》におけるケンカと刃傷沙汰だ。

わが国の社会でも、俠客物の浪曲や昭和時代の任俠映画ではお馴染みの話である。ただ、高度経済成長期までは日本人が担い手だった騒動の主体は、いまやボドイに置き換わっている。

低賃金で働く技能実習生が困窮して逃亡し、ボドイ化したものの、コロナ禍における帰国困難ゆえに特例措置を受けて日本国内に残留、身元引受先のない流れ者と化した末に事件を引き起こす――。ありふれた飯場のケンカも、背景で語られる物語は実に当世風だ。調べてみると、近年の日本国内におけるベトナム人労働者の刃傷事件は他にもいくつも見つかる。

左記は私がざっとネットで検索したうち、二〇二〇年代に入ってから起きた死亡事件や特に重大な事件を、いくつか並べてみたものだ。すべて加害者・被害者ともにベトナム人（年齢は事件当時）である。

・二〇二二年六月、埼玉県児玉郡上里町で、製本会社で働く三三歳の男性が刺され重傷。刺した側の男も三三歳で、被害者の元同僚。白の軽乗用車で逃走したがやがて逮捕。
・二〇二二年五月、岡山県倉敷市で二九歳の技能実習生男性が、同じ技能実習生の二四歳男性の背中を刃物で刺し、殺人未遂容疑で逮捕。
・二〇二二年三月、群馬県邑楽《おうら》群邑楽町のベトナム料理店付近で二六歳男性が腹など数ヶ所を何者かに刺され、腹部に刃物が刺さったまま救急搬送されたが病院で死亡。
・二〇二二年二月、北海道旭川市の旭川駅構内で建設作業員の二四歳男性が三五歳男性の首を刃物で突き刺し殺害。
・二〇二二年一月、愛知県豊橋市で技能実習生の三一歳男性が、同じく三一歳の技能実習生を刺殺。
・二〇二一年十二月、茨城県龍ケ崎市で三〇歳のファン・ヴァン・クィンが二八歳の男性ら男女四人を刺傷して逃亡、その後に出頭し逮捕（「はじめに」参照）。
・二〇二一年十月、愛知県豊橋市で二二歳の技能実習生の男性がアパート内で友人の二三歳男性を刺す。当日は八人ほどで集まっており、二人の間でトラブルが起きたとみられる。
・二〇二一年九月、茨城県鉾田市のビニールハウスで、二七歳男性が同僚の三〇歳男性ののど付近を、芽切り用のハサミで突き刺して殺害（後述）。
・二〇二一年八月、長野県佐久郡川上村の技能実習生宿舎で三二歳男性が、二二歳男性と二六歳女性に刃物で切りつけ逃走後に逮捕される。被害者のうち二二歳男性は重傷。
・二〇二一年六月、神奈川県川崎市の川崎駅近くの路上で、三二歳男性が数人と共謀の上で二七歳男性を刺殺。

・二〇二一年五月、和歌山県田辺市で二三歳男性が三八歳男性を刺殺（すでに紹介）。
・二〇二一年二月、埼玉県朝霞市で三七歳の男性がケンカの末に二五歳の男性を刺殺。
・二〇二〇年五月、富山県富山市で二〇歳の技能実習生男性が、同居する二一歳の技能実習生男性とケンカになり、金属製のヘラで攻撃されたので、相手の首を包丁で刺して殺害。遺体を現場アパート付近の側溝に遺棄して逮捕。

これ以外にも、被害者について「外国人風の男性」「東南アジア風の男性」など国籍がわからない形で報じられていたり、私が見落としたりした事件がありそうだ。また、重体が報じられた後で被害者が死亡した例や、死体が発見されず警察沙汰にならなかった例もあるだろう。コロナ禍以降だけでも、日本で同胞に刺し殺されたベトナム人は一〇人ほどはいるはずだ（しかも、毒殺など他の方法で殺害された例はここに含めていない）。

二〇二〇年〜二〇二二年の期間に日本で暮らしたことがあるベトナム人を、ざっくり五〇万人程度と考えると、五万人に一人が刺殺された計算である。日本の一〇万人あたりの殺人件数が〇・二人なのと比べると、かなり高い数字だ。

ベトナムは往年の日本と同じく、国民の平均年齢が若い。しかも、比較的近い過去に戦争や内戦の暴力を経験している。

現代のベトナム人労働者の間で、トラブルの解決手段として自力救済が選択されがちだったり、暴力の行使に対する敷居が低かったりする傾向がある点は、やはり指摘せざるを得ないだろう。犯行の証拠隠滅をほとんどおこなわない点も、ボドイやそれに近い人たちの殺人事件の特徴だ。

とはいえ、下万呂の「殺人宴席」の話だけではまだ見えてこないこともある。私たちが取材したもうひとつのエピソードも紹介しておこう。

二〇二一年九月八日午後三時ごろ、茨城県鉾田市で起きた事件である。前出のリスト内でも紹介した、二七歳の男がビニールハウス内で三〇歳の同僚を芽切り用のハサミで突き刺し、殺害した一件だ。

「他の農場のベトナム人との会話は禁止なんだ」

——この日は曇りであった。

すでに酷暑の時期は過ぎていたが、じわりと蒸し暑い。

二〇二一年九月十七日午後、ここは鉾田市舟木の田園地帯である。平野が果てしなく続く土地であり、昔の時代であれば地平線まで見えたのではと思うほど広大だ。昼前まで土浦市で列車事故の現場(第7章参照)を調べていた私たちは、そのまま北東に車を走らせ、霞ヶ浦をこえて新たな現場にやってきたのだった。

鉾田市の全国的な知名度はあまり高くないが、市のホームページに掲載されたスローガンは「日本で一番やさいをつくる街」。事実、二〇一四年からは毎年、野菜の農業産出額が全国トップとなっている。各地の農場ではメロン・イチゴ・トマト・ホウレンソウ・サツマイモ・人参・大根などさまざまな作物が作られており、豊かな土地である。

成功した農家の暮らしぶりのよさは、畑とビニールハウスの海に浮かぶ家々を見るだけでも察せられた。立派な瓦葺きで広大な庭付きの、二階〜三階建ての日本家屋が多いのだ。特に二階以上は天守閣のような外観であり、これが当地の農家建築の特徴らしい。

いっぽう、現代日本において農業が盛んだということは、すなわち外国人労働者が多いことと同義である。やや古い数字だが、二〇一八年の鉾田市における住民の外国人割合は五・一一％（茨城県の平均は二・二％）で県内三位。当然、多くは技能実習生だ。ネットで検索してみると、二〇一〇年代なかばまでは河南省あたりから来た中国人が多くいたようだが、現在は他の地域と同じくベトナム人に置き換わっている。

また、統計上の数字にはあらわれてこないが、技能実習先を逃亡したボドイがブローカーの斡旋を受け、農場で組織的に不法就労する事例も相当多いらしい（第5章に登場したチャイエス嬢のユキも、日暮里に来るまで働いていたのはこうした場所のようだ）。

実際に舟木集落の一帯を歩いてみると、「天守閣」付きの豪勢な農家の周囲で、ノンラー（ベトナム式の編み傘）をかぶった若い男女が何十人も立ち働いている光景に出会った。土を掘る者、収穫する者、自転車で移動する者、なかにはトラクターを運転している者もいる。過剰なまでに日本的なたずまいを感じさせる家屋群と、黙々と作業を続ける異国の労働者たちの組み合わせは、外から来た者の目には強い非日常感を覚えさせた。

「Chào anh」

空き地で方向転換をしようとしていたトラクターに、チー君が声をかけた。「おう、なんだい？」といった調子で、ノンラー姿の青年がこちらに振り向きエンジンを止める。

彼は三一歳で、中部のクアンチ省出身だった。

「八日の午後、このへんで殺人事件があったらしいんですが」

「そうみたいだな。パトカーと救急車が、前の道をバンバン走っていったのを俺も見た。ただ、それ以上の詳しいことはわからない。別の農場のことだから、被害者についてもまったく知らないんだ」

とはいえ、たった数百メートル先で同胞が殺害されたのだ。事件はベトナム人同士で噂になっていないのか。そう尋ねると「よくわからない」という。

「ウチは俺たちが農場から外に出るのは禁止、他の農場のベトナム人と会話するのも禁止なんだ。技能実習生が相談し合って逃げるのを防ぐためだそうだぜ。もっとも、俺は実習生じゃなくて特定技能(二〇一九年四月に施行された労働を認める新しい在留資格)で、毎月一六万～一七万円くらいは給料をもらえているから、大きな不満はないけどね」

雇用元は小規模な自営業者なので、年金や医療保険が天引きされず、手取り額が多くなるのがありがたいという。さておき、彼は被害者については何も知らないようだった。

もうすこし歩いて、自転車に乗っている女性に出会ったが、やはり「パトカーが走っていくのを見た」だけで、事件のことはそれ以上は知らない。他にも数人に話しかけてみたが同様だった。はじめ、彼らが口裏を合わせて不都合な事実を隠しているのかと思ったが、実態はその逆のようだ。

舟木周辺の農場は柵や堀などの区切りがほとんどなく、一見すると同じ農地が延々と続いているように見える。だが、実際は事業主ごとに土地の所有者が細かく分かれていた。そしてベトナム人労働者たちは、トラブルの防止を理由として他の農場で働く同胞との接触を禁じられているケースが多い。なので、たとえ数メートル隣にあるビニールハウスであっても、経営者が異なる場合は、そこで働く同胞の存在についてまったく把握できない――。ということが往々にして起こるのだった。

働き手が二人も減って「お気の毒」

このあたりで、事件の概要をまとめなおしておこう。

加害者は二七歳のザン・タイン・トゥンで、被害者はその同僚で三〇歳のグエン・バン・ナムだ。事件の発生当初は、警察発表にもとづいたためか一部の報道で「技能実習生」の犯行だと伝えられたが、実際は二人とも同じキュウリ農家で住み込みで働くボドイだった。二〇二一年九月八日午後三時ごろ、舟木集落のビニールハウス内で、トゥンがナムののど付近に芽切り用のハサミを突き刺したことはすでに書いたとおりである。

ナムはしばらく、口から血を吹き出しながらその場に立っていたという。雇用主はあわてて救急車と警察を呼んだが、搬送中に心肺停止、午後四時十七分に鉾田市内の高須病院で死亡が確認された。直接の死因は血液吸引による窒息死だ。おそらく、のどの刺傷から大量の血が気道に流れ込み、呼吸ができなくなったのだろう。

駆けつけた警察に対して、トゥンは現場では犯行を否定して「ナムが自殺した」と主張していたが、やがて鉾田署での取り調べのなかで容疑を認めた——。

「あっ、現場はここですね。写真と同じ建物が見えます」

舟木集落の畑を歩きながら、スマホの画面を眺めていたチー君が言った。事件直後の報道で、ナムが刺されたビニールハウスの映像や写真が出ており、それと周囲の風景の特徴が一致する場所があったのだ。

ビニールハウス内では、キュウリに農薬をまいている日本人男性がいた。作業の手が止まったところで話しかけたところ、三〇代〜四〇代ほどの比較的若い男性で、多少の会話には応じてくれたが、それ以上の取材は断られた。ただ、事件現場がここなのは間違いないようだ。

そこで、畑に隣接する家屋の縁側でお茶を飲んでいた七〇代くらいの地元農家の女性に話を聞く。

「ええそうです。うちの隣の畑なの。でも、あそこで誰が、何人働いてるかなんて、まったく知らなかったですよ」

彼女は事件の原因や、加害者と被害者の人となりについて何も知らないようだった。とはいえ、ベトナム人労働者たちが舟木集落でどんな日常を送り、地域の日本人住民からどういう存在として見られているのかは、彼女とすこし話しただけでも察することができた。

「ほんと、お隣はかわいそうなのよ。いきなり働き手が一気に二人も減ったんだから。いまは親戚が手伝いに来ているみたいだけど大変よねえ。お気の毒に」

「働き手」が一気に二人減った理由は言うまでもない。トゥンは同僚のナムを殺して警察に身柄を拘束されたので農作業を手伝えず、ナムも死んだので働けなくなったのである。

女性の口調はのんびりしており、ことさらがめつかったり露悪的だったりする様子はない。むしろ、お茶の時間に闖入《ちんにゅう》してきた私が東京から来たと知って、遠路へのねぎらいを口にするなど、ごく普通の感情のはたらきを持つ農家のおばさんという感じだ。

だが、同じ日本人の私に示される自然な思いやりは、異国の労働者には向かないらしい。自宅のすぐ隣で九日前に起きた事件について、死者を悼んだり若い犯人の今後の人生に思いを致したりするよりも、「働き手」が減った隣家の状況を気の毒がることのほうが、彼女としては自然な心の動きであるようだった。

彼女に礼を言って別れ、周辺をさらに歩いたが、ナムたちの情報は得られない。手ぬぐいを巻いた頭に麦わら帽子をかぶった、隣の農園の日本人のおばさんにも声をかけてみたものの、やはりよくわからないという。

「……ここ、例のカキ打ちの漁村とは別な意味でしんどいですね」

「きついよねえ。広いのに閉塞感があるよ」

私は郡山と言葉を交わしながら、第2章で訪れた岡山県瀬戸内市のカキ打ち業者の村を思い出していた。

リアス海岸の湾に沿って広がっていたあの古い漁村は、地理的・人文的な意味で、文字通り「閉鎖的」だった。村全体が大家族のような空間だけに、個人の秘密はみんな筒抜けだ。社会学の講義で習うゲマインシャフト（共同社会）の典型のような世界である。外部の人間である技能実習生にしてみれば、そこに組み込まれて逃れられないことがしんどい土地であった。

いっぽう、空間の面では限りなく広々としている鉾田市の農場は、瀬戸内の村とは別種の息苦しさがあった。ベトナム人たちは隣の畑の同胞と言葉を交わすことも禁じられ、ただ賃金のために黙々と出稼ぎ労働をこなす。こちらはゲゼルシャフト（利益社会）の典型たる世界だろう。極めて疎外的な環境だ。

いや、難しい言葉はさておき、大きなストレスを覚える環境なのは想像に難くない。合法か不法就労かを問わず外国人労働者が集まりやすいいっぽう、延々と同じビニールハウスが連なる単調な景色のなかで、他者との関わりが薄いままに無機質な作業を続ける。結果、数少ない同僚や知人との人間関係は、いちどこじれると修復がきかなくなる。

事実、近年の鉾田市では他にも外国人労働者がらみの刃傷沙汰が何件か起きている。

たとえば二〇一五年七月には、三〇代の中国人技能実習生二人を刃物で死傷させたことで、ベトナム国籍のボドイと技能実習生の男女五人が逮捕されている。鉾田の農場の外国人労働者の主役が、中国人からベトナム人に入れ替わる端境期に起きた事件だ。

また、二〇二〇年十月には、市内のタイ料理店でベトナム国籍の技能実習生四人が、他国出身の外国人とみられる男二人に刃物で襲われ、頭や腹などを刺される怪我を負っている。

――ナムが三〇年の人生を突然終えたのは、そんな土地だった。

死亡したボドイの最後の行き先

「ナムさんが亡くなってから、彼の家族と親族を通じて、うちに連絡が来たんですよ」

流暢な日本語でそう話したのは、ベトナム人尼僧のティック・タム・チー（釈心智）だ。

二〇二一年十月四日である。私の目の前にある白木の位牌には、墨も乾ききらぬかと思える真新しいクォックグーの筆跡で、ナムの名前と年齢、逝去の日付が書き付けられていた。隣には生前の彼の笑顔の顔写真。位牌と遺影の後ろには、白い布で包まれた遺骨が安置されている。私は思わず手を合わせて舎利《しゃり》礼文《らいもん》をつぶやいた。

「ナムさんは逃げた技能実習生で、国に奥さんと子ども二人がいたみたいです」

タム・チー和尚は私よりも数歳年上だ。

彼女はかつて大正大学と国際仏教学大学院大学の大学院で学んだ留学僧で、現在は埼玉県本庄市に

Soichiro Koriyama

埼玉県本庄市にあるベトナム仏教寺院、大恩寺に安置されたナムの遺骨と位牌。教派神道の御嶽教の道場だった建物が「居抜き」でベトナム寺になっており、本堂では御嶽教時代の日本人信徒の位牌とベトナム語の位牌が仲良く並ぶという不思議な光景が見られる。

あるベトナム仏教寺院・大恩寺（Chùa Đại Ân）の住職を務めている。大恩寺は「技能実習生の駆け込み寺」として有名で、技能実習生問題をあつかうテレビ番組や新聞記事ではおなじみだ（むしろ、大恩寺頼みの安易な報道が多すぎるきらいもある）。私の通訳のチー君は、彼の親の代から和尚と旧知であり、本書でも普段の呼び名である「タム・チー和尚」と書くことにしよう。

タム・チー和尚は近年、この本庄大恩寺と栃木県那須塩原の栃木大恩寺に加えて、東京都足立区でも東京大恩寺の開山にこぎつけた。つまり、政治力と人脈・カリスマ性を併せ持つ豪腕の宗教家だ。ゆえに多くのベトナム人から感謝され慕われるいっぽうで、ベトナム語のインターネットコミュニティではすくなからぬ批判や誹謗《ひぼう》中傷も受けている——。

だが、彼女が日本で困窮するベトナム人

を救うためにもっとも積極的に動いている人物であることは確かだ。コロナ禍の発生以降、住む場所がなくなった逃亡技能実習生やオーバーステイ者を寺で受け入れ、新型コロナウイルスにすくなくとも二回感染して発症したが、それでも活動を続けている。

ところで大恩寺には、技能実習生の駆け込み寺としてのほか、一般の報道ではあまり伝えられないもうひとつの役割がある。それは日本で客死したベトナム人たちの受け入れだ。

前出の下万呂事件のホアの葬儀が神戸市長田区の和楽寺でおこなわれたように、日本国内のベトナム寺は、不慮の事件や事故で死亡した同胞の葬儀や供養もおこなっている。荼毘に付された遺骨が本国に戻って埋葬されるまで、故人の苦しみに満ちた日本生活の最後の時間を、ベトナム寺が面倒を見ることになるのだ。

舟木集落のビニールハウスで刺殺されたナムは、たまたま母方の従妹が千葉市に住んでいた。そのため、この従妹を通じて死亡届が出され火葬されてから、故郷にいる父親がタム・チー和尚に依頼する形で、大恩寺に遺骨が運ばれた。

私が対面した、真新しい白木の位牌と遺影の後ろにある白い箱は、こうした経緯を経てやってきたものだった。

たった二人のボドイ同士の派閥抗争

「夫はおとなしい無口な人で、殺生を好まない。トリを絞めたりブタをさばいたりするのも嫌がる人でした」

寺の庫裏でタム・チー和尚からナムの妻の連絡先を教えてもらい、フェイスブックメッセンジャーの通話機能で話を聞いた。

「技能実習生として日本に行ったのは六年前（二〇一五年）の十月です。職場は建設現場でしたが、夫がどこの県にいたのかは、私は日本の地理がわからずよく知りません。でも、雨でも暑い日でも外で働かされ続けるのがしんどくて、半年後に逃げたんです」

妻はナムの訃報を故郷のタインホア省で聞き、遺体との対面はかなわなかった。ゆえに現実感がまだないらしく、悲しみ以上に戸惑いを感じさせる口調だった。

いっぽう、ナムは二〇一六年春に建設現場から逃亡した後、同年末まで働いたらベトナムに帰ろうと考えていたらしい。だが、日本では不法就労状態のままでも意外と不自由がなく、また故郷に身体の不自由な親族や乳幼児を数多く抱えていたことから、帰国せずに仕送りを続けることにしたのだった。

「お金が必要だったのもあります。父（ナムの父）は片脚がなくて大変だし、私（妻）の両親も身体が悪くて薬代がかかります。親戚の子の学費も必要です。それに、私は夫が出国したときに二人目の子どもを妊娠していて――」

ボドイたちの有力な働き先のひとつが、茨城県の農場である。

ゆえにナムも、逃亡の直後からずっと茨城県で働き続けた。毎月七〜八万円、必ず家族にお金を送り、仕事が減ると他の農場に移る。事件があった鉾田市舟木のキュウリ農家は三軒目の職場で、過去二年は働いていたという。

「あの農場では、ずっと前から二人のボドイを雇って、プレハブに住み込みで働かせてきたんです。

そして、彼らが帰国するときは、知り合いの別のボドイを探させ、仕事を引き継がせてきました。夫のナムも、犯人のトゥンも、そうした経緯で働きはじめました」

つまり、不法就労が代々受け継がれ、常態化している職場だった（ちなみにナムは事件発生の当時、「特定活動」の在留資格を認められており合法的に雇用されていたが、二年前に就業した時点では不法就労だったとみられる）。ナムが長く働き、仕送りを続けていた点から考えると、給与面での待遇は悪くなかったようだ。

――しかし、問題は前任者から続く因縁だった。

もともと農場では、ボドイAとボドイBの二人が働いていた。ここからはちょっとややこしいのだが、二年前にボドイAが帰国することになり、同じタインホア省の出身者であるナムを連れてきて自分の後釜に据えたらしい。いっぽう、ボドイBはどうした理由か、最初からナムを嫌っていた。

やがて、ボドイBも帰国を決め、同じく自分の後釜を探したが、かつてボドイAがすぐにナムにバトンタッチしたのとは違い、人探しに難航したという。そしてようやく見つけたのが、後に事件を起こすトゥンだった。

トゥンは前任のボドイBから、仕事だけではなくナムに対する敵意も引き継いだ。そもそも、ボドイBがナムを嫌った理由からして、実は前任のボドイAや、そのまた前任の人物との人間関係が引き継がれていたのかもしれなかった。

ベトナム国内における地域摩擦や、ボドイが就業する際に頼るブローカーの派閥同士の対立といった、部外者にはわかりにくい事情があった可能性も考えられる（ちなみにスマホの普及以前の在日中国人の場合、不法就労者の就労は「福建幇《フウジエンバン》」「東北幇《ドンベイバン》」といった本人の出身地に由来するネットワーク組織に頼ることが多く、場合によっては地縁を異にするグループ同士の抗争が起きることもあった)。

「夫は自分がなぜトゥンに嫌われているかはわからないようでしたが、『相手と折り合いが悪くても仕事をする』と話していた。それで、事件に巻き込まれたんです」

もちろん、ナムにまったく非がなかったかは、遺族の証言なので割り引いて考える必要もある。加害者のトゥンは、逮捕後に「ナムからいじめられていた」と供述しているからだ。

ただ、ささいな理由での反目から、突発的な犯行に及んだことは間違いないだろう。体格がよかったナムに対して、加害者のトゥンは非常に小柄だったといい、この点も「ナムからいじめられていた」という供述と関係があるのかもしれない。

ナムの妻によると、事件後にトゥンの父親から謝罪の電話があり、葬儀や遺骨の帰国費用の負担を申し出てきたという。トゥンの実家は常識的な家庭だったようだ。

「日本でいろんなベトナム人の死を見ましたよ」

下万呂事件と舟木事件はいずれも、マフィアや犯罪利権といった大きな話とはほとんど関係がない。日本人男性が悪質なひき逃げ事件の犠牲になったジエゥ事件(第1章参照)や、運が悪ければ記録的な大事故になりかねなかった土浦脱線事件(第7章参照)とは違い、『紀伊民報』や『茨城新聞』のような地元の新聞ですらベタ記事扱いにとどまった地味な話だ。

ただ、それでも人命が失われている。しかも、被害者はともに妻子のいる三〇代の大人の男なので、家族も含めるとかなり多くの人の運命が狂ったことになる。

いっぽう加害者についても、つまらないことを理由にカッとなる小悪党的な青年だった点は、おそらく共通している。こうした犯人像はおそらく、他の刺傷・刺殺事件についても当てはまる例が少なくないことだろう。

「いままで、ベトナム人同士のいろいろなケースの殺人事件を見聞きしましたよ。私たちが葬儀に関わっただけでも、この二年ほどで七件か……。もっとたくさんかも」

二〇二二年八月上旬、この原稿を書くにあたって大恩寺のタム・チー和尚と連絡を取ったところ、そんな話になった。

「事件の原因は、お金や賭け事の問題、恋愛がらみの問題、方言の違いも関係した荒っぽい言葉を理由とした諍い、共同生活をしている部屋のゴミ捨てや自分のスペースをめぐる争い……。譲り合いの気持ちが必要です。あとは、仏教の教育に触れていないのもいけませんね。因果応報、輪廻《りんね》転生、カルマなどなど」

仏教の素養についてはさておき（とはいえ仏教は粗暴な言葉づかいや暴力を禁じているので、信心深いベトナム人が短絡的な殺人事件と無縁なのも確かだが）、方言の違いが殺人にすら発展するケースがあるのは興味深い。

考えてみれば、技能実習生やボドイになるベトナム人の多くは田舎の貧しい村の生まれで、大学などで高等教育を受けていない――。つまり、たとえ同国人でも他の地域のベトナム人とそれほど深く接した経験を持たない人たちだ（従軍経験や国内の都市部での出稼ぎ経験を持たずに来日した人ならなおさらだろう）。それが、来日後には技能実習生寮やボドイ・ハウスで、布団まで共有するほど密接な共同生活を送ることになる。もともと親戚や同郷の者同士でそうした暮らしをした経験があったとしても、言葉（方言）や文化・世代の違う相手なら、ものごとの勝手は違う。

酒席の諍いを必要以上に大きくとらえてしまったり、他人の噂を聞いて人物評価を決めてしまったりすることもあるだろう。そうした世界の狭さとくだらない誤解の積み重ねが、おそらく下万呂事件や舟木事件につながったのだ。

「ほかにも、日本でいろんなベトナム人の死を見ましたよ。労災事故や殺人事件のほかに、自殺、病死、過労死、原因不詳の突然死。あと、ＭＤＭＡという麻薬を過剰に服用して中毒死……」

日本におけるベトナム人の若者たちの刹那的な姿は、すでに本書をここまで読み進めた人なら容易に想像がつくだろう。計画性もなにもない彼らの生き方に、一種のユーモラスさや痛快さを感じてしまうことも、ときにはある。

ただ、後先を考えず生きる彼らの背後には、理不尽な死が常に真っ黒な口を開けて待っている。

そのことも、やはり確かなのである。

第7章

列車衝突事故でもほぼおとがめなし

衝突の約4秒前（0時07分53秒）

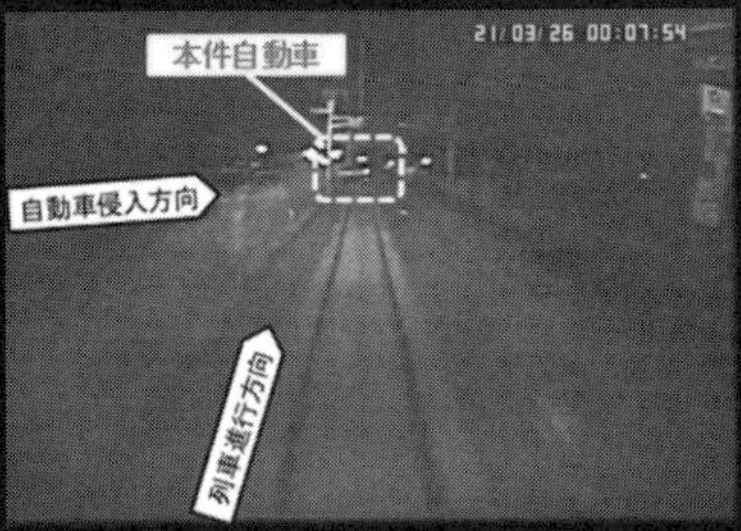

衝突の約3秒前（0時07分54秒）

衝突の約2秒前（0時07分55秒）

衝突の約1秒前（0時07分56秒）

衝突の約0.5秒前（0時07分56秒5）

衝突（0時07分57秒）

深夜、無免許運転のベトナム人青年がJR線のフェンスを突き破って線路上で立ち往生。車をそのままにして逃走した。そこに常磐線普通列車が衝突。首都圏の幹線である常磐線の一部が2日にわたって麻痺した。こちらの画像は、鉄道事故調査報告書に掲載された、事故発生当時の列車の前方カメラの映像。死者や怪我人が出なかったのは奇跡だろう。

*https://www.mlit.go.jp/jtsb/railway/rep-acci/RA2022-1-2.pdf*より

列車が乗用車と衝突、脱線、炎上

――現場はゆるいカーブだった。

茨城県道一四一号線牛渡《うしわた》馬場山土浦線は、始点となる土浦市の北部でしばらく、常磐線と並行して走る区間がある。現場は土浦側から見て、左方向にゆるやかに曲がっていた。

木田余《きだまり》という耳慣れない地名の土地である。カーブの外側にネットフェンスがあり、その向こうに草叢《くさむら》を挟んで線路があった。路肩には歩道と車道を分ける縁石が設置されているのだが、なぜか事故現場付近だけそれが途切れていた。

「前にも大型トラックがあそこで常磐線と衝突して、運転手が亡くなったことがあるのよ。それまで、あの場所には踏切があったんだけど、前の事故で廃止されたの。『前』といっても四〇年以上も昔だけどね」

二〇二一年九月十七日、近くの田んぼ道を歩いていた高齢の女性に声をかけると、そんな返事が来た（なお、実際の会話はかなり強い茨城弁で「あそごで常磐線と衝突したごどが」という感じだったが、私が文章で再現できないのでこの後も普通の会話体で書く）。

後に調べたところ、踏切の廃止は一九七九年六月だ。「前」の事故もおおむねその時期に起きたのだろう。

「今回の事故は、むかし踏切だった場所に車が突っ込んだわけですか？」

「そうだよ。いまでも金網はあるけど縁石がないからね。すごいスピードで突っ込めば、線路まで車が入るかもしれない。今回の事故の後、再発防止のために行政がガードレールを立てていったっけ」

彼女は「今回の事故」については、報道レベルでしか把握していないようだ。とはいえ、この年の三月二十六日に起きた事故が、近隣の住民を大いに驚かせたことは間違いない。

当時の新聞記事を引用しておこう。

26日午前0時8分ごろ、茨城県土浦市木田余のJR常磐線土浦—神立《かんだつ》駅間で、品川発勝田行きの普通列車（10両編成）が線路内に侵入してきた乗用車と衝突した。同線一部区間で、運転再開のめどが立っていない。

土浦署などによると、現場は土浦駅から北に約3キロ。衝突で列車の一部が脱線し、乗用車と列車の先頭車両が炎上したが、火は約1時間後に消し止められた。乗客・乗員64人にけがはなかったという。乗用車は線路脇の車道からフェンスを突き破って線路内に進入してきたとみられるが、運転手が見当たらず、署などが行方を調べているという。

ＪＲ東日本水戸支社によると、土浦—羽鳥駅間と、特急「ひたち」「ときわ」の運転を見合わせている。また、取手—土浦駅と羽鳥—水戸駅間は本数を減らして運行中という。バスでの代行輸送などは行われていない。

（『朝日新聞 DIGITAL』二〇二一年三月二十六日「常磐線に車進入、列車と衝突し炎上　運転手見当たらず」https://asahi.com/articles/ASP3V2FS8P3VUJHB004.html）

主要幹線である常磐線、しかも首都圏で起きた事故だ。茨城県は県南地域の土浦市やつくば市付近までは、JRと私鉄各線の鉄道路線が都心と直結しており、ベッドタウンとして発展している。

現場近くで住民に聞き込んだところ、美容サロンの経営者の五〇代の女性が、一部始終を目撃していたことが判明した。

「夜の十二時前、もう寝ようかなあと思って布団に入ったところで、遠くのほうでパトカーのサイレンの音が聞こえたんです。なにか事故があったのかなあとぼんやり思いながら眠りかけていたら、しばらくしてすぐ近くで『バリバリバリバリバリバリー』とものすごい音と衝撃があって。慌ててカーテンを開けて外を見たんですよ」

彼女は、事故現場のカーブのすぐそばの民家の離れの二階で寝起きしていた。

そのため、本来なら周囲よりもすこし高い場所である線路上の事故を、もっと高い視点から観察することができた。

「白い車が前から線路に突っ込んでいました。一分くらい経ってから、男が運転席のドアを開けて出てきて、県道を斜めに横切って土浦方面に逃げていったんです。慌てて全力ダッシュで逃走という感じじゃなく、軽いフットワークでトコトコッと。あの衝撃を受けた直後に、あれだけ身軽に動けるんだから、きっと若い子だと思ったんですよね」

彼女はその後、ある奇妙な出来事を目にしたがそちらは後述しよう。さておき、白い車が線路に突っ込んでから八〜九分後、列車がやってきた。

「ものすごい音とオレンジ色の火花を出して、ボンネットをバリバリ粉砕しながら、列車が白い車を引きずっていきました。やがて停車して、三分くらい経ったら、車から黒い煙が出てきた。すぐに大きな火が出て炎上しました。もうびっくりしましたよ」

――公的な記録も参照しておこう。

翌二〇二二年一月四日付で運輸安全委員会が発表した鉄道事故調査報告書によると、事故があったのは品川駅発勝田駅行きの下り普通第１２６９Ｍ列車である。

事故当時、列車は土浦駅を定刻通りに出発して時速約九七キロで走行中だった。やがて現場にさしかかる五〇メートルほど手前で、運転士が前方の線路上に、ヘッドライトが点いたままの普通自動車が横向きに停まっているのを視認する。運転士は慌てて非常ブレーキを使用したが間に合わず、衝突後は「ガガガァー」と激しい音とともに地震のような揺れを感じながら、普通自動車を約二六七メートル引きずって停止した。結果、列車一両目の前台車の二軸は右側に脱線、いっぽう普通自動車は大破し、特にボンネット部分の損傷が大きかった。

停車後、乗員が事故対応にあたっていると前方から白煙と火の手が上がった。さいわい、運転士と車掌は乗客六六人（前出の新聞報道よりも実際は四人多かったようだ）を手際よく退避させ、死者や負傷者は一人も出なかったが、炎上による熱で車両の一両目は変形し、車内も壁の化粧板やポスターが焼け焦げてひどいありさまとなった。


当時の報道によると、事故の影響を受けて、常磐線は事故現場を中心に翌二十七日の午後五時五十分ごろまで一部不通の状態が続いた。

実質的に二日間に及んだ幹線の運休で、沿線から都心への通勤・通学者の足は大いに乱れている。正確な経済損失額は公表されていないが、間接的なものを含めれば数億円、もしくは数十億円規模に及んだ可能性すらありそうだ。

加えて事故の視覚的なインパクトも強く、発生時点ではインターネット上でも大きな話題になった。三〇代以上の多くの人が連想したのが、二〇〇五年四月二十五日に起きたJR福知山線脱線事故だった。国鉄民営化以降では最大の被害となる、乗客と運転士合わせて一〇七人が死亡、五六二人が負傷した鉄道事故である。この事故の原因は、JR西日本の過酷な労働環境に疲弊した運転士が起こした運転ミスだったが、発生直後の第一報では、踏切内に侵入した乗用車と列車の衝突事故だとされた。結果的に真相は異なったとはいえ、私を含めて当時を覚えている人ほど、乗用車と列車の衝突が大惨事を引き起こしたイメージが頭に残っている。

今回の土浦脱線事故で、一人も死傷者が出なかったのは奇跡だった。発生時刻が深夜で、しかも新型コロナウイルス流行による第二回の緊急事態宣言の終了直後だったのがさいわいしたのだろう。当時はワクチン接種がほとんどはじまっておらず、コロナへの恐れが強い時期だったことから、遅くまで出歩く人がほとんどいなかったのだ。

仮にコロナ流行が落ち着いてからの時期、満員の通勤列車が事故に遭っていたとすれば、ここ一五年ほどで最悪レベルの大事故が起きていても不思議ではなかった。

「ボドってる」事件

「……この事故さあ。もしかしてボドってない？」

話の時間をすこし巻き戻す。

私がベトナム通の女子大生のリン（第3章参照）からLINEでそんなメッセージをもらったのは、

事故発生当日（三月二十六日）の午後だった。まだ犯人の目星がまったくついていない時期である。ちなみに、地元の『茨城新聞』は二十六日のうちに以下のような記事を配信している。

同署（筆者注、土浦署）によると、車は同所の県道を同市神立町に向けて進行し、道路沿いの民家の塀に衝突、反動で反対車線側の線路のフェンスを突き破り、線路内に進入したとみられる。事故直前、同署員が似た車を不審車両として追跡していた。（中略）

同署によると、現場から立ち去る人物が目撃されており、乗用車を運転し、事故後に車両を放置し逃げ去ったとみている。

事故直前、同署の捜査車両が、事故を起こしたとみられる車を不審車両として追跡していた。同0時5分ごろ、同署刑事課の署員2人が捜査車両でパトロール中、後部ライトをつけずに走る乗用車を発見。赤色灯を点灯して停止を呼び掛けたところ、車は突然、速度を上げて逃走。約2キロメートル追跡したが、事故現場の周辺で見失っていた。

同署が不審車両を捜索していた同0時18分ごろ、JRの職員から110番通報を受けた。事故現場を確認したところ、不審車のナンバーの一部が事故車と一致し、車両の形状も似ていた。針替和夫副署長は「追跡行為は適正な職務であったものと考えております」とコメントした。

（『茨城新聞』二〇二一年三月二十六日「常磐線で電車と車衝突、一時炎上　車の運転手行方不明　土浦」https://ibarakinews.jp/news/newsdetail.php?f_jun=16167239834062）

深夜の北関東を走る不審車両、警察の呼びかけを無視していきなりの逃走、踏切以外の場所で線路に侵入、さらに車両を放置して立ち去る――。

私はリンに「ちょっとボドってるかも」と返信を打った。

仮に脛《すね》に傷を持つ身だったとしても、普通に考えれば、線路上に事故車を放置して立ち去る行為は明らかに悪手だ。より深刻な大事故を引き起こして、損害賠償や懲役でがんじがらめになるくらいなら、腹をくくって自分で通報し、事故現場にとどまって逮捕されたほうが、まだしも罪は軽くなる。

それなのに、犯人は非合理的な行動を重ねている。

真っ先に想像できるのは、日本の警察の捜査能力の高さや車両監視システムのしつこさについての知識をまったく持たない人物――。たとえば外国人だ。それらの知識がない人ならば、職質や事故を前にして「逃走」という選択肢が頭に浮かびやすくなる。

また、線路内に車両を侵入させた犯人が、逃走にあたって最寄りの踏切の非常停止ボタンを押す行動をとらなかった理由も、そもそも日本の鉄道にそうしたシステムがあるのか、またそれがどう設置されていてどう使うのかについて、具体的なイメージを持っていなかったからではないか。

ちなみに日本からベトナムに対しては、国際協力機構（ＪＩＣＡ）を通じて交通警察官の人材育成や鉄道の運営管理のノウハウを伝える技術協力がおこなわれている。ゼロ年代末には、非常停止システムを含む鉄道の技術基準の策定支援プロジェクトが実施されたこともある。

これは逆に言えば、ベトナムでは近年までこうしたシステムが未整備だったということだ。当然、庶民の間では鉄道トラブルが発生した際に、どう行動するかという知識が定着していない。

もっとも、容疑者はその後もしばらく捕まらなかった。

事故から九日後の四月四日、『毎日新聞』が事故車両のナンバープレートが不正に付け替えられた可能性があること、ナンバープレートを登録している人物が外国籍で、連絡が取れないことなどを報じたが、こちらは大きな話題にはならなかった。

早春の首都圏をパニックに陥れた常磐線の運休騒動と、ボドイの行動を結びつけて考えた人は、おそらく捜査関係者を除けば、世間で私とリンとチー君くらいしかいなかったはずだ。

話はやがて、事故発生から二ヶ月以上が経った六月二日にようやく動いた。

案の定というべきか。当時二六歳のベトナム人工員、チャン・ドゥック・ハウが逮捕されたのである。

噛み合わない検事とのやりとり

「あなたの誕生日は、一九九四年六月四日で間違いありませんか?」

二〇二一年九月十四日午後二時半過ぎ、水戸地裁土浦支部三階の第一号法廷で、裁判長の声が響いた。事件番号は令和三年(わ)第二八一号である。

被告人のハウは身長一六〇センチメートル台と思える小柄な男で、服装は長袖の白いボーダーシャツ、頭髪は黒く、七センチくらい伸ばしていた。

コロナ禍ゆえのマスク姿で容貌ははっきりわからないが、中国系の血が入っているのか、顔は色白で目元が涼しい。ちょうどこの当時、ワイドショーの話題をさらっていたとある女性皇族の婚約者を、もうすこし華奢で若くしたような印象だった。

「住所は茨城県土浦市神立中央●丁目×番◇号△△ハイツ▲号室でいいですか?」

「カンダツ、チュオウの……。わからないです」

「ええと、住んでいた建物と部屋は？」

「△△ハイツ▲号室です」

「わかりました。勤務先は？」

「日立の工員でした」

法廷通訳がついているものの、ハウは自分の住所の発音を日本語で覚えていなかったらしく、言いよどんだところを訂正されていた。大変な事故の容疑者とはいえ、傍目から見ても気の毒なほどオドオドしている。切れ長の目が濡れ、捨てられた子犬のような表情だった。

――この彼、年下好きで加虐趣味のあるタイプの女性からモテそうだよな。

傍聴席で不謹慎な想像をしていた私を現実に引き戻すかのように、検事が早口で冒頭陳述を読み上げはじめた。

いわく、ハウはベトナム国内で高校を卒業後、日本に留学したが問題を起こし、日本語学校を退学処分になった。だが、帰国することなく日本で暮らし続けた。

事故当夜、ハウは土浦市真鍋にある友人宅から、無免許で白いティアナを運転して帰宅中、ウインカーを点灯せずに右折したところをパトカーに注意されてその場から逃走。追跡を振り切った後もなかば暴走状態で事故現場に差し掛かり、道路の左手にある民家の石塀に車体を衝突させてから、対向車線にはみ出してさらにカーブの外に向かい、フェンスをなぎ倒して常磐線の敷地内に侵入した。ティアナは線路に突っ込んだところで停車したが、ハウは車両をその場に放置して事故現場から立ち去った。やがて、さきほどまで立ち寄っていた家の友人のベトナム人に電話をかけ、迎えに来てもらったという。

さらに弁護士からの被告人質問。

――無免許運転がいけないことなのは知っていましたか?

「はい。いけないと知っていました」

――では、なぜ運転したのですか?

「時間が遅くて電車がなかったし、自分は運転の仕方を知っていたからです」

――他の方法で帰ろうとは考えなかったのですか?

「友達に送ってほしいとお願いしましたが、自分で運転して帰れと言われました」

――なぜ、それはできないと言わなかったのですか?

「逮捕されたので、運転してはいけないとわかりました」

無免許運転について、犯罪だという明確な認識を持っていなかったようにも聞こえる。通訳を挟んでいるせいもあるが、かつて古河市で死亡ひき逃げ事件を起こしたチャン・ティ・ホン・ジエウの裁判と同じく、嚙み合わないやりとりだった。

——線路に突っ込んでから列車がぶつかるまで、どのくらい時間がありましたか？　長い時間、短い時間？

「短い時間です」

——警察に連絡したり、列車の非常停止システムを探したりする余裕はありましたか？

「なかったです」

弁護士がハウに、線路進入後に通報をおこなうだけの時間的余裕がなかったことを確認している。通報がなかったことについては、責任を問えないとアピールしたいのかもしれない。

その後、質問者が検事に替わり、さらに裁判官による質問に移った。

——あなたは今後、どうしたいですか？

「ベトナムに帰って、日本企業で働きたいと思います」

——なぜ日本企業で働きたいんですか？

「日本の会社だといい会社だからです」

——今回の事故で、あなたが多くの人に迷惑をかけたことは理解していますか？

「はい」

弁護士からの質問と同じく、相変わらず緊張感に欠けた会話だった。

ただ、ハウ本人は（反省しているかはさておき）慣れない裁判に強いプレッシャーを覚えているらしく、被告人席に戻ったときには「半泣き」になっていた。

やがて、検事の声が法廷に響く。

「被告人に情状を汲み取るべき余地はなく、また無免許運転には常習性が認められ、過失は大きいと言わざるを得ない」

職業的に厳しさを作っているような声だった。さらに続ける。

「事故を起こした列車内において人命が損なわれなかったのは偶然に過ぎない。乗客の恐怖も大きかった。被告人に前科がないとはいえ、求刑は……」

ハウの友人という奇妙な男女

話は初公判から三日後、九月十七日の夜へと移る。

この日、私たちは午前中に土浦市の列車事故現場を調べて目撃者に話を聞き込んでから、午後に同県内の鉾田市に移動し、グエン・バン・ナムが刺殺された現場（第6章参照）を取材していた。

都内への帰路、再び土浦に差し掛かったのは午後七時過ぎだ。

思ったよりも時間が早い。この街でまだ何かできることがあるだろう。私は公判中に検事が言及していた、事故の前にハウが立ち寄っていたという友人の部屋を訪ねてみることにした。

とはいえ、もとより流れ者であるボドイたちは、通常は数週間から七〜八ヶ月程度の周期で居住先を移動していく。特に日本の警察や（私たち以外の）マスコミに接触された場合、関係者が姿を消して住民が別のボドイに入れ替わるケースが非常に多い。事故から約半年後の訪問では望み薄かとも思ったが、ひとまず現場は見ておきたい。

当該のアパートは土浦市内のほぼ中心部、霞ヶ浦に流れ込む利根川水系の河川の一本と、国道が交差する橋の近くに建っていた。

築三六年（当時）の四階建てで、エレベーターはない。土浦駅から徒歩二〇分、3DKの部屋は賃料が月五万五〇〇〇円だ。もちろん豪邸とは呼べないが、第4章に登場した群馬の兄貴ハウスや、第6章の和歌山のメゾネット、次の第8章で言及する伊勢崎のアパートあたりと比べると、住居としては「まとも」な印象を受けた。日本人の子持ちの家庭でも、この物件で暮らしている人はいるだろう。

アパートの隣には広大な駐車場を持つコンビニがある。しばらく周囲を観察したところ、なんと私たちがマークしている二階の部屋から、やや派手な身なりのベトナム人の男女が出てきて、コンビニの駐車場に停めてある自動車に乗って去っていった。

部屋は現在も、ベトナム人の若者のたまり場として使われているようだ。窓から明かりが漏れており、内部にはまだ人がいる。

そこでさっそく、コンビニでアサヒスーパードライの六缶セットとハイライト一箱を購入した。近くの河原から響くコオロギの鳴き声を聞きながら、チー君と郡山とともに、買ったものを入れたビニール袋を片手にアパートのスチール階段を登る。

インターホンを押した。

Soichiro Koriyama

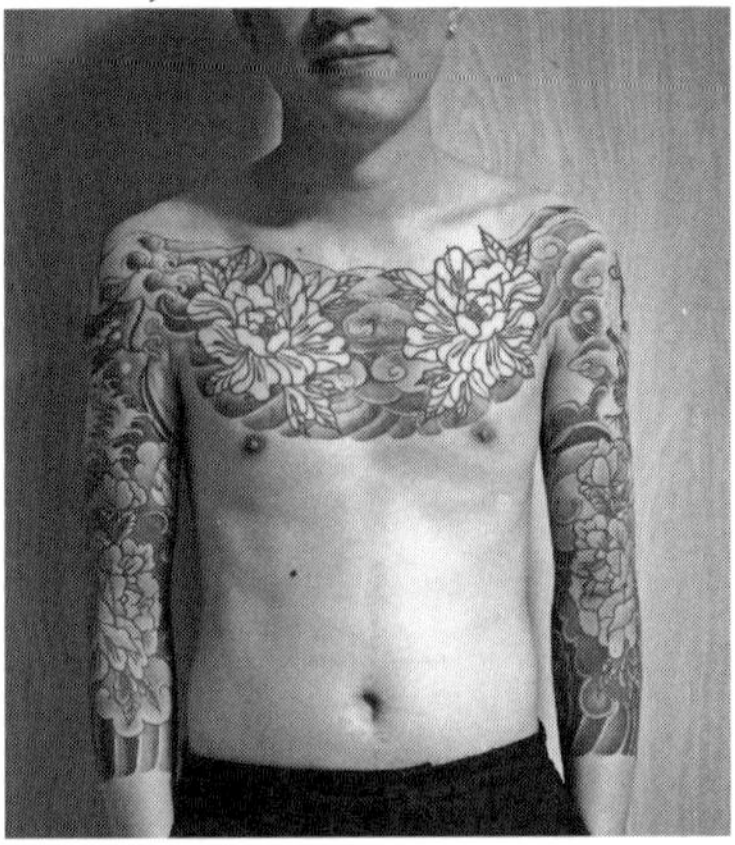

上半身に見事なタトゥーを入れていたホアン。むしろ、過去に技能実習生として真面目に働いていた時代があるとは信じられないくらいだ。

しばらく待ってから、ガチャッと扉が開く。顔を出したのは若い男だ。

男は異形だった。顔立ちは整っていたが、頭はスキンヘッドで、耳にはピアスが光っている。加えて上半身が裸で下半身は黒ジャージ……。いや、ここまではベトナム人労働者の男性にありがちな自宅ファッションだが、その上半身は胸部から前腕の半分くらいまで、ベトナム風の花や仙女を描いた見事なタトゥーで彩られていた。

東京で会ったウーバー君（第3章参照）たちのような、素人めいた粗い彫りのタトゥーではない。ボカシが美しく、素人目にも上質な出来なのがわかる。

明らかにカタギの人間ではなさそうだ。

「あなたはチャン・ドゥック・ハウ君の友達ですか？」

「ああ、そうだ。何の用だ？」

なんと、ハウを知っていた。

「先日、ハウ君の裁判を傍聴したんですよ。いろいろ情報交換しませんか。私は日本人ですから、裁判や警察のことで力になれることがあるかもしれません」

「なるほど。……悪くねえ。構わんぜ。上がれよ」

男は二三歳で、ホアンと名乗った。もともと千葉県で働く技能実習生だったが逃亡、タトゥーは日本国内で入れたという。

この家については、前に住んでいたベトナム人が帰国した際に賃貸の権利をそのまま譲ってもらった――。つまり、実質的に未契約状態のまま、同胞らと三人で共同生活をしている。在日ベトナム人にはよくある話だ。室内はそれなりに片付いており清潔感があった。

ただ、驚かされたのはホアンの同居人が二人とも女性であることだった。なかでも二三歳のフェン(仮名)という女性は細身で背が高く、長い黒髪に鼻筋の通った顔立ちの美人だった。彼女も元技能実習生で、長野県で三年間の実習期間を終えてからコロナ禍で帰国困難になり、在留資格を特定活動に切り替えて暮らしているという。

ホアンは、同居する美女たちと男女の関係ではないと話したが、身辺の世話を彼女らにおこなわせている雰囲気もある。前腕までびっしりと入れた精緻なデザインのタトゥーも含めて、それなりの経済力を感じさせる男だ。

「ハウ君とはいつからの付き合いですか?」

「今年(二〇二一年)の頭くらいから。みんなでいっしょにメシを食う程度だが、友達だ」

缶ビールを開けて会話すると、お互いにすこし打ち解けた。ちょうど夕食中らしく、テーブルには女たちが作った骨付き肉の煮込みやスパイスの効いたスープをはじめ、ベトナムの家庭料理が並んでいる。遠慮なくつまみ食いさせてもらおう。

オーバーステイとMAMDとケタミン

「で、ハウは懲役なのか？　どういう判決になりそうなんだ？」

会話が軌道に乗りはじめると、ホアンと仲間の女性たちから、裁判の進行状況やハウの量刑についての質問攻めに遭った。

しっかりと確認したいのか、同じような内容を何度か尋ねてくる。私が見立てを話すと、「それならなによりだ」と繰り返した。次回の裁判の傍聴や、土浦署内に拘置中のハウへの面会にも乗り気のようで、私やチー君に方法を尋ねている（結果的には行かなかったようだが）。

かつて、群馬の兄貴ハウスの同居人たちが「兄貴」一味の量刑に比較的無関心だったことや、和歌山の下万呂のボドイたちが目の前で宴会相手が刺殺されても放置して去った様子と比べると、ホアンたちはなぜか、仲間の運命に対する関心がずいぶん高いようだった。

いっぽう、ホアンも女性二人も、ハウが事故を起こす直前である三月二十五日夜の記憶は曖昧らしい。仲間をかばってごまかしているのかもしれないが、そもそもハウが事故の犯人として絞り込まれたのは、発生から二ヶ月以上も経った六月上旬だ。

ベトナム人たちはしょっちゅう自宅で宴会をおこない、その場にはいろいろな人が出入りする。二ヶ月前の宴会のひとつが正確には何月何日におこなわれたか、その場にハウがいたかの確証が持てないのは仕方ない気もした。また、すくなくとも女性二人については、事故後に警察の事情聴取も受けていないらしい。

——けいさつ。べんごしー。とりしらべ。きそ。こちきかん。しこうゆよ。

ところで、ホアンはボドイとしてはかなり日本語が話せるほうだった。発音や文法はめちゃくちゃだが、特に警察や裁判に関連する語彙力が、不思議なほど豊かだ。リスニングもそれなりにできるらしく、私とチー君や郡山との会話をある程度は聞き取っているように見える。

「お兄さん、なんで警察関連の単語、いっぱい知ってるんです?」

「えへへ。最近まで埼玉県で捕まっていたんだよ。五ヶ月勾留されて、四日前に仮釈放で出てきたばかりなんだ」

六月にハウが逮捕されたときには、取り調べのなかでその話も出たという。

「警察から、車が常磐線に突っ込む映像やハウの顔写真を見せられて『知らないか?』と尋ねられた。俺が知らないと答えたら、『こいつ(ハウ)は罪を認めているから、お前も喋れ』と揺さぶられた。でも、あいつと友達だってことは喋らなかったけどな」

埼玉県警で誘導尋問めいた話があったらしい。

「ところでお兄さん、五ヶ月もオツトメなんて、いったい何をやったんです?」

「えーと。オーバーステイと、MDMAとケタミン」

「わっ、それはやばい」

その場の全員で大笑いした。MDMAは別名エクスタシー、多幸感や他者への共感性を強める違法薬物で、クラブなどでよく濫用されるほか、媚薬としても使用される。女優の沢尻エリカが所持して逮捕されたことでも有名だ。いっぽうケタミンは別名K、吸引すると幻覚作用があり、こちらもクラブ・ドラッグとして知られる。

「ドラッグは、売るほうかキメるほうか、どっちです?」

「キメるほうだが……。お前たち、ポリ公の回し者じゃないのか」

「大丈夫です。日本の記者には警察から日常的に情報をもらえる人たちと、そうじゃない人たちがいて、僕たちは後者だから警察にペコペコする義理はないんです。群馬の兄貴（Anh Cả Gunma）にも会ったことがありますよ」

「へえー、兄貴に会ったのか。お前らもやるなあ。あの兄貴ってもう釈放されたのか？」

群馬の兄貴の神通力は、土浦のベトナム人不良社会にも及んでいた。

ホアンは外見も行状もかなり悪そうな人物だが、老獪《ろうかい》だった群馬の兄貴とは違い、若いだけあってシンプルな性格だった。質問にも比較的素直に答えてくれる。

「どうやってＭＤＭＡやケタミンを買ったんです？」

「埼玉にベトナム人のプッシャーがたっぷりいる場所があるんだよ。何人も同じ場所に集まってるから、ひとりひとりに値段を聞いて、安いやつから買うんだ」

「そこ、シャブも売ってます？」

「俺はシャブはやらないから、あのプッシャーたちが扱っているかはよくわからん。ただ、シャブがらみではひどい目にあった。逮捕されたときのことだ」

「どういうこと？」

「ベトナム人が集まる賭場にいるときにポリ公に踏み込まれたんだけどさ、俺のテーブルには三人がいて、机の上に他の誰かが持ってきた袋入りのシャブが置いてあった。だから三人全員が現行犯で捕まった。でも、他のテーブルのやつらは捕まらなかった。あいつらだって、全員ドラッグやってるのにな」

「じゃあ、事故を起こしたハウも、ドラッグは好きなほうでしたか?」

「それは知らん。でも、酒は好きなやつだな。ビールを飲む。かなり飲むほうだよ」

「ということは、事故の前にこの家に立ち寄ったときも、宴会で飲んでいたのでは?」

「わはは。そうかもしれないな」

飲酒運転だったとすれば、パトカーの停車指示を無視して逃げた理由はなおさら納得がいく。もちろんハウが運転していた自動車も、ボドイたちがよく乗り回している、フェイスブック経由かなにかで違法に入手した怪しげな車両だっただろう。

――オーバーステイ、無免許、おそらく無車検無保険かつ飲酒運転のうえ、常磐線に突撃して逃走。

第1章に登場した死亡ひき逃げ犯のジエウを上回るひどさである。

ハウは小心者だが、かつて窃盗で留学生活をドロップアウト(後述)したことがあり、素行は悪い。また、他者の運命に無関心なボドイの社会ではめずらしく、ホアンたちがハウの処分をやけに知りたがっている様子からは、ただの友達にとどまらない利益共同体的な関係があるようにも思えた。

もはや検証は不可能に近いが、事故を起こした際に、ハウが酒よりもさらによろしくないものをキメていたとしても、私は違和感を覚えない。

理不尽な「実質的におとがめなし」

「……被告人チャン・ドゥック・ハウを、罰金四〇万円に処する」

二〇二一年十月五日、水戸地裁土浦支部三階、第一号法廷。

女性の裁判官が判決を言い渡した。

九月の初公判の時点で、検察側の求刑内容から予想できていたとはいえ、軽すぎる処罰に対して傍聴席には呆れたような空気が漂った。さらに裁判官が言葉を継ぐ。

「……なお、未決勾留日数のうち、その一日を金五〇〇〇円に換算してその罰金額に満つるまでの分を、その刑に算入する」

逮捕から結審まで約四ヶ月が経っている。勾留日数一日を五〇〇〇円で換算すれば、ゆうに四〇万円の罰金額に「満つる」期間だ。

つまり、首都圏の北東部四分の一を二日にわたって麻痺させたハウの事故は、実質的にはほとんどおとがめなしとなったのだ。

――もっとも、捜査段階においては、茨城県警はハウにもっと重い処罰がくだる形を作りたがっていた気配がある。

ハウは六月二日に道路交通法違反（無免許運転）という軽微な罪状を理由に身柄が拘束されているが、その後六月二十二日に地元の『茨城新聞』などで、県警が電汽車往来危険転覆罪での再逮捕の方針を固めたことが報じられているからだ。

電汽車往来危険転覆罪。

正確には刑法第一二七条の「往来危険による汽車転覆等罪」だ。

すなわち、「鉄道若しくはその標識を損壊し、又はその他の方法により、汽車又は電車の往来の危険を生じさせ」るという往来危険罪（刑法第一二五第一項）を犯したうえで、「汽車若しくは電車を転覆させ、若しくは破壊し」た場合に成立する犯罪だ。法定刑は無期懲役または三年以上の有期懲役、その行為により人を死亡させていた場合は死刑または無期懲役となっており、極めて重い刑罰が科せられる。

だが、検察が実際に立件した罪状は、過失往来危険罪（刑法第一二九条）にとどまった。

こちらは読んで字のごとく、「過失」で列車を転覆させるなどした場合に問われる罪だ。普段からその業務に従事していない一般人が犯した場合、法定刑は三〇万円以下の罰金にとどまる。ハウの場合は無免許運転の罰金も加わったので、ゆえに罰金四〇万円というわけだ。

理不尽。

一歩間違えれば、JR福知山線脱線事故さながらの大事故となってもおかしくなかった事態を起こした人間に対する処罰としては、あまりにも軽い。

「空白の八分間」を検証したら……

ちなみに今回の事故は、茨城県警がいったん追跡したにもかかわらず取り逃がした不審車両が起こしたものだ。新聞やテレビはあまり伝えていないが、実は県警の不祥事という側面も指摘できなくはない。

それどころか、事故の一部始終を目撃していた、現場近くに住む美容サロン経営者の女性は、私の取材に興味深い証言を残している。

白のティアナが線路に突っ込み、犯人の若い男（ハウ）がその場から逃げた後、常磐線の第1269M列車が衝突するまでの約八分間に起きた出来事だ。

「若い男が逃げてから五分ほど経って、現場にパトカーが来たんです。サイレンは鳴らさないで赤色灯だけつけていたかな。でも、白い車が線路に入っているのに気づかない様子で、そのまま県道を神立駅のほうに進んでいってしまった。パトカーが去って三分くらい経ってから、列車が突っ込んできたんです」

裁判では言及されていない話である。そもそも彼女の証言自体が用いられていない。

「パトカーが通り過ぎず、現場で白い車を発見していたら。列車を非常停止させる時間はあったはずですし、脱線事故は起きていないですよ。あれは失態だと思うんですよね。二階から見ていても『はあ?』ってなりましたから。事故後に二回、事情聴取をされたときに、見たことを伝えたんですが」

当初、茨城県警がハウに対して、処罰の重い電汽車往来危険転覆罪で逮捕しようとしたのは、ことの重大性を考えれば当然だろう。しかし、現実には処罰が最も軽い過失往来危険罪のみとなり、尻切れトンボのように話が終わってしまった。

——ここからすこし、意地の悪い想像をする。

もっと厳しくハウの責任を問うためには、彼が自動車を線路に突っ込ませてから列車がやってくるまで約八分間の「空白の時間」についても、より詳しく検証する必要が生じてくる。

また事故の直前、ハウがアルコールなりドラッグなりを摂取していた事実の有無も、おそらく重要な問題になる。

ちなみにハウが直前まで宴会に参加していた証拠は、その気になれば集められる。ホアンたちの部屋の住民のスマホの写真や、Zaloやフェイスブックメッセンジャーの会話ログ、Google Mapsの検索ログなどを確認すれば、たとえ当事者たちの記憶が曖昧でも、当日の行動をかなり細かく復元できる可能性があるのだ。

ただ、それらが判明することは、茨城県警にとっては痛し痒《かゆ》しだ。ハウが酒やドラッグを摂取して運転していたとすれば、そんな車両をいったん追跡しながら見失ったことの責任はより重大になる。加えて「空白の時間」を精査するとなれば、ハウの車両を見失ったパトカーが事故現場を通りながら事態に気づかず、列車衝突を招いたことまで明るみに出かねない。

もちろん、だから茨城県警は組織的にハウの追及を手控えた——。とは思わない。だが、現場で事情を察した個人の忖度や遠慮が、まったく存在しなかったという保証もない。

結果的に死者も怪我人も出なかった事故なので、うやむやにしやすい話ではあるのだ。

「毎月コツコツ返してくれたらいいからって……」

「ホアンの友達なのか。何を聞きにきたんだ?」

結審前日の十月四日、私たちは土浦署内で勾留中のハウと面会している。

身の上を聞いたところ、彼はハノイ出身。来日当初は前橋市内の日本語学校で一年ほど学んでいたが、二〇一四年にアパレル用品店でTシャツとズボンを盗んで逮捕された。もっとも、日本語学校を退学処分になったものの微罪ゆえに起訴されず、前科はついていないという。

「ホアンのアパートから帰る途中に、僕が事故を起こしたのは確かだ。友達五人と食事をした後だった」

この時点で、ハウはまだ判決が確定していない。加えて、彼の隣には警察官がおり、私たちが事件について突っ込んだ質問をすると差し止めてくる（このあたりのルールは警察署や警察官ごとに違い、かなり恣意的だ）。

なので「事故のときに酒を飲んでいたか？」と直接聞けないのがもどかしかったが、友達五人と食事をしたことが確実であれば、飲酒もほぼ間違いないだろう。宴会の席には、例の黒髪美女のフェンも同席していたという。

ハウにたいした刑事罰が科されないことはわかっている。ただ、問題はそれだけではないはずだった。

自動車に衝突し、脱線炎上した列車と架線設備の修理費用は、いったいいくらかかるのか。いや、常磐線の近郊路線の運行がほぼ二日もストップし、通勤通学の足に多大な影響が生じたともなれば、経済的損害ははかりしれない。JR東日本が本気で損害賠償を請求すれば、金額は数億円でもおさまらないのではないか。

「JR東の職員が訪ねてきたけど、彼らは金額についてはまだ言っていなかったな。また話すってさ。とりあえず、毎月コツコツ返してくれたらいいからって……」

JR東日本としても、ほとんど支払い能力がないハウからは賠償金を取り立てられないと判断したのだろう。のんきな話だった。

面会時、私はハウの連絡先を聞いたが、彼とはその後しばらく連絡がつかなかった。

やっと電話がつながったのは二〇二二年一月十三日だ。

同じ茨城県の龍ケ崎市でファン・ヴァン・クィンが同胞四人を刺傷した事件（「はじめに」参照）

を取材するため、現場のアパートに行ったときのことである。事件が起きた部屋に住民が戻ってこないかと張り込んでいたときに、暇なのでチー君に電話をかけてもらったところ、通話がつながったのだ。

「いまかい？　僕はもうベトナムに帰ったんだよ」

スピーカーモードにしたスマホから、ハウのめんどくさそうな声が響いた。すでに帰国したならば、損害賠償の話はどうなったのか。

「ああ。まあ、もちろん払う気ではいるけれどさあ……」

もごもごと言う。

実質的に、刑事のみならず民事もほとんどおとがめなしになるのだろう。

やがて電話が切れた。かつて二〇二一年の早春、首都圏を震撼《しんかん》させた列車脱線炎上事件は、この瞬間をもってすべての幕が降りたのであった。

第8章

桃窃盗事件の裏にあるボドイ経済

Soichiro Koriyama

実際の盗難被害現場。盗まれたのは、なぜか熟れきる前の硬くて青い桃だった。犯人には栽培の知識があり、チームで手際よく収穫するスキルもあり、土地勘もある。ただし、「桃の食べごろ」の判断だけが日本人と異なる——。「青い桃」を好む人たち、それがベトナム人だった。

絵に描いたようなボドイ・ハウス

「おいおい、これは『お約束』すぎるだろう」

近所の寿司弁当屋で住所を聞いて歩いてきた私とチー君は、目の前のアパートの様子に顔を見合わせた。お互い、なかば無意識に苦笑いが浮かんでいる。

仮にボドイ探しの教科書があったとしたら、「ボドイ・ハウスの実例」とキャプションをつけて写真を掲載したくなるような、絵に描いたようにわかりやすいボドイの棲家《すみか》だったのである。

日時は二〇二二年八月十六日午後四時過ぎ、場所は群馬県伊勢崎市新栄町《しんえいちょう》だ。南東二〇〇メートルの場所には、かつて「群馬の兄貴」（第4章参照）が仕切る賭場だったカラオケ店「ハノイ」（現在はピザ屋）がある。その近くにある広大な駐車場を持つローソンは、私たちが二〇二〇年秋の「兄貴」取材でしばしば立ち寄った場所だ。いわばボドイ取材の原点の土地である。

アパートのたたずまいも、非常にそれっぽかった。

場所は墓場の裏である。利根川の支流・広瀬川の土手と墓地に挟まれた細長い土地に建つ、薄ピンク色のコンクリート壁の三階建ての建物だ。築四三年、3DKの部屋の家賃は月四・七万円だった。後に判明したところでは、合計一五部屋ほどのうち、人の気配があるのは一二部屋。うち一一部屋にベトナム人の若い男女が集まり住んでおり、残り一部屋は南米系の家族が入居していた。日本人の住人はいない。

アパートを外から見ると、人が住んでいる部屋のベランダには、いずれもジャージやパーカーが大量に吊るされており、さらに空になったプランターや段ボール箱、ゴミ袋、スーパーの買い物かごなどでひどく散らかっていた。古そうな冷蔵庫を、なぜか屋外のベランダに置いている部屋もある。

駐車場は四割ほど埋まっている。「つくば」「土浦」など他県ナンバーを付けた自動車が目立った。夜になってからの話だが、停められた車両から降りたベトナム人の男女が、ボドイたちが入居する部屋に入っていく姿も確認できた。

男女の車両は「群馬300」と、いわゆる3ナンバーが付いた日産のブルーバードシルフィだ。日本市場でこの名前の車種が販売されていたのは二〇〇〇～二〇一二年で、すべてが5ナンバー車だったので、ブルーバードシルフィに「群馬300」のナンバーは明らかに怪しい。普通に考えれば、盗難車のナンバーを付け替えるなど違法な改造がおこなわれている。

「仕事がねえんだよ。なにかねえか？　食えればそれでいいんだわ」

外階段を上がってみると、上の階からベトナム語が響いてきた。ハーフパンツに白シャツ姿のやや大柄な若い男が階段に腰掛け、スマホをスピーカーモードにして喋っている。会話の内容からして、求職中のボドイかそれに近い人だろう。

共用スペースである外廊下には、大量の「金麦」やエナジードリンクの缶と生ゴミがごちゃまぜに詰められたゴミ袋、ベトナム式タバコの巨大な竹パイプ、バーベキューの網と木炭などが無造作に散らばっていた。周囲にはカラスが多く、常に大きな鳴き声が廊下に響きわたっている。

二階に上がり、二〇六号室のインターホンを押したが反応はない。

ガスのメーターはまだ生きていたので、このまま張り込んで住人が戻るまで待つかとチー君と話していると、階段の下からいきなり「ここ、もう人いませんよ」とネイティブの日本語が飛んできた。

スポーツマンタイプの男性だった。慣れた様子で鍵を取り出してドアを開け、「メディアの人ですか？　なか、見ちゃダメですから」と言う。

尋ねてみると案の定、彼は山梨県警の刑事であった——。

桃九四〇〇個を盗む

二〇六号室に住んでいた三人は、すでに名前と年齢が判明している。

すなわち、二〇二二年の夏に山梨県で発生した桃の大量窃盗事件に関係があるとして同年八月十一日に入管難民法違反（不法残留）容疑で逮捕された二五歳のレ・コン・ニャットと、四〇歳のグエン・ミン・トゥアンだ。さらに九月一日、彼らが茨城県内で梨を大量に窃盗した容疑で再逮捕された際に、もう一人の容疑者として名前が公表されたのが、二〇歳のグエン・バン・フォンである（後日、入管難民法違反と梨の窃盗容疑で起訴された三人の初公判を傍聴して判明したところでは、いずれも逃亡した技能実習生だった。つまりボドイである）。

桃の事件について、発生当時の報道を引用しておこう。

「フルーツ王国」の山梨県で、生産量全国一を誇る桃が出荷直前に相次いで盗まれている。地元JAによると、大量の桃が連日のように盗難に遭うのは「前代未聞」。被害農家は果実をもぎ取られた木を見上げて「おなかの赤ちゃんをさらわれた気分」と落胆する。地域ぐるみの果樹園のパトロールは約1カ月、前倒しされて始まった。

県警によると、桃の盗難は6月中旬以降、峡東地域の山梨市と笛吹市の計9カ所で発生した。20日までに高級品種「日川白鳳」など計9400個が盗まれ、被害額は237万円に上る。被害はJR中央線春日居町駅から東や南にかけての約3キロ圏内に集中。地元警察は「組織的な犯行の可能性がある」とみて、窃盗事件として調べている。

（中略）

両市に管轄がまたがるJAフルーツ山梨（甲州市）の担当者は危機感をあらわにする。桃の出荷が始まる6月中旬に大量盗難が相次いだことは過去にないという。盗難続発を受け、農家には巡回強化と防犯カメラの導入を呼びかけている。

同JAでは20日、日下部署の呼びかけで、地元消防団などが参加する果樹園パトロールの出発式があった。例年は高級品種「シャインマスカット」の出荷期に合わせて実施するが、今年は約1カ月早まった。同JAの中沢昭組合長は「いよいよ出荷という時に根こそぎ持って行かれた。決して許してはならない」と強く訴えた。

笛吹市は17日、JAや笛吹署、消防団による連絡会議を緊急に開き、今後の盗難対策を確認した。こうした会議は初めてといい、今後は年1回、同時期に開催して警戒を強めるという。

（『朝日新聞』二〇二二年六月二十一日「『前代未聞』桃の盗難9400個相次ぐ　山梨の9カ所、組織的犯行か」https://www.asahi.com/articles/ASQ6N7644Q6NUZOB00C.html）

「桃を盗んだって連中が暮らしはじめたのは、たぶん七月中旬ごろからだ」

夜、新栄町のアパートで片っ端からインターホンを押して住人に聞き込んだところ、容疑者のニャットたちと同じ階の別の部屋に住む二〇代の男がそう教えてくれた。

なお彼自身も、技能実習先の建設現場から逃亡したボドイで、似たような境遇の男女数人とアパートの一室で共同生活を送っていた。そして言う。

「同じベトナム人だから、階段で顔を合わせたときに挨拶くらいはしたよ。でも、それ以上の付き合いはなかったな。彼らは引っ越してきて二週間くらいで逮捕されちゃったし」

ほか、三階に住む別のベトナム人の男も雑談に応じてくれた。

「二〇六号室にはすこし前まで、ベトナム人の女の子たちが住んでいた。けっこう最近になってから、住人が丸ごと入れ替わったみたいだな」

この男性はボドイではない普通の労働者らしいが、彼の家は、昼間に職探しの電話を掛けていた白シャツ男が出入りしていたのと同じ部屋だった。以前の住人から部屋を又貸しされており、室内には他に何人も仲間が居候しているらしい。

「二〇六号室の連中が、段ボール箱を運び出す光景を何度か見たよ。何かを郵送しているようだった。彼らは逮捕されたから、ほかに仲間がいたとしても部屋からはすでに逃げているだろうね」

アパートの住人は入れ替わりが激しく、正式な賃貸借契約書を交わして住んでいる人はほぼいないようだ。本来、在日外国人は在留カードに記載された住所に住むことが義務付けられているが、当然ながらこのアパートの住人たちの間では無視されている。

友人のツテを頼って来て数日滞在して出ていくような、「居住者」とも「旅行者」とも言いがたい人たちも大勢出入りしている。逮捕されたニャットたちも、そうした一人だったのだろう。

三階の別の住人で、伊勢崎市内の工場で働いている二七歳の男は話す。

「ここの大家は日本人らしいけど、よくわからない。正規の在留資格を持っているベトナム人の集金人がいて、毎月、家賃の徴収に各戸を回るんだ。二〇六号室の連中が逮捕されたって話も、俺はこの集金人から聞いたよ」

桃や梨の大量窃盗事件の震源地は、こんな場所であった。

メルカリに大量の桃が？

山梨県は、果物の生産が盛んなフルーツ県だ。なかでも中央部にある笛吹市は桃とブドウの生産量全国一位を誇り、隣接する山梨市も合わせて、現地には広大な果樹園が広がっている。

各社の報道によると、桃の窃盗被害は中央本線春日居町駅周辺の果樹園に集中していた。最終的な被害個数は約一万四四〇〇個（三八七万円相当）におよんだとされる。

二〇二二年六月なかばに事件が伝えられると、ほどなくネットで話題になり、さらにテレビのワイドショーにも飛び火した。

事件との関係性は不明にもかかわらず話題になったのが、フリーマーケットサイト『メルカリ』に大量の桃が出品されていたことだ。しかも、出品者がアップロードした商品写真には、まだ熟れきっていない果実を保護ネットに包まない状態で無造作にダンボールに放り込んでいるなど、本職の農家の出品とは思えないものが数多く含まれていた。

――私たちが動いてみてよい事件だろう。

六月二十日ごろ、山梨県甲州市にあるＪＡフルーツ山梨本部営農指導課に電話で尋ねた。

「広い果樹園を少人数で警備するのは大変ですし、以前から多少の盗難はつきものだったのは確かです。ただ、一晩に一〇〇〇個～数千個の桃が盗まれる今回は、やはり異例ですよ」

桃に限らず、農作物の窃盗は犯人を捕まえにくい。また、収穫期の農家としては、警察に被害届を出して取り調べに時間を取られるより、多少の被害に目をつむっても一個でも多くの果実を収穫しておくほうが、損益を考えれば得をするという現実的な事情もある。

営農指導課によると、犯人像は見当もつかないという。ただ被害個数から考えて複数人による犯行なのは間違いないようだ。

私が通訳のチー君とカメラマンの郡山といっしょに山梨県へ向かったのは、まだ窃盗が断続的に続いていた六月二十五日のことだった。

熟れきっていない桃ばかりが盗まれる

梅雨明け前にもかかわらず、甲府盆地は三五度を上回る異常な暑さだった。

ダッシュボードに「果実盗難警戒中」とプラカードを出した地元農家の軽トラが走り回っている。

笛吹市で最初の犯行が起きた果樹園は、笛吹川にかかる桑戸橋付近の土手の下にあった。

大きな道路から外れた場所で、周囲に民家や商店はない。

通りかかった人に聞いたところ、単一の事業者が管理している果樹園ではなく、複数の農家によって土地が細分化されているらしい。そのためか、果樹はややバラけて植えられており、日中は見通しがよく人の姿が遠くからでもよく目立った。ただ、夜間の犯行であれば、まずバレないだろう。

桑戸地区から笛吹川を渡って東に向かう県道二〇八号線の一部区間は、「ピーチライン」の別称の通り、桃の果樹園の真ん中をぶち抜いて伸びている。

この道路をたどって山梨市に移り、ＪＡフルーツ山梨加納岩《かのいわ》支所を訪ねた。同支所の管内では二件の大規模盗難が起きたといい（取材時点）、三〇代くらいの男性職員から詳しい事情を聞くことができた。

「最初は六月十八日夜、大野地区の果樹園で日川白鳳が一気に四〇〇〇個やられました。次が二十一日夜の上石森地区で、加納岩白鳳一〇〇〇個。どちらも外からフラッと来て盗めるような場所じゃないんですよね」

日川白鳳と加納岩白鳳はそれぞれ桃の品種名だ。

教えてもらった現場に行く。

まず約四〇〇〇個の桃が盗まれたという大野地区の果樹園は、農道の幅が狭すぎて私たちの車が立ち往生し、脱輪の可能性に怯えながら延々とバックして引き返す羽目になるほど、外部からは近寄りにくい場所だった。

いっぽう、上石森地区の現場はもうすこしアクセスが容易だったが、やはり大きな道からは外れた場所であり、付近には民家も街灯もなかった。いずれの現場も、土地勘のある人物でなければ犯行現場に選ばないように思える。

上石森地区の現場は、わずか四日前に被害があったばかりだ。

収穫を控えた桃を熟成させるために敷かれる白い反射シートが何枚もめくれ上がったまま放置され、周囲には盗むときに落としたらしき桃の実がバラバラと散乱している。

虫に食われるがままになっている桃が、なんとも痛々しい。

「不思議なのは、熟れきっていない桃ばかり盗んでいることです。なかでも上石森地区では、隣の敷地に真っ赤に熟れた日川白鳳がぶら下がっているのに、そっちには目もくれないで青い桃だけをもいでいったんですよ」

前出の加納岩支所の職員からはこんな話も聞いた。

通常、桃の果樹園では、強すぎる風や日差し、害虫などを防ぐため、果実が充分に育つまでは「掛け袋」と呼ばれる袋を個々の桃にかぶせる。そして収穫の一～二週間前になってから袋の下半分を取り去り、樹木の下に反射シートを敷く。

こうすることで、出荷前の短期間のうちに、果実の下半分に日光が集中的に当たる。結果、私たちにはおなじみの、お尻が赤くて甘い味の桃ができあがる。

今回の犯人たちは、掛け袋が取れた桃を選んで盗んでいた。だが、不思議にも被害に遭ったのは、樹木の下に反射シートを敷いたばかりでまだ熟れていない、硬くて青い桃ばかりだった。

「今年は天候がいいので、桃の糖度は高いはずです。とはいえ、袋を取ったばかりの状態では、まだ味が渋い。無理をすれば食べられますが、すくなくとも一般的な味覚からすると、おいしいものではありません」

桃の掛け袋についての知識があり、チームで短時間に手際よく果実を収穫するスキルもある。おそらく現地の土地勘も持っている。なのに、桃の「食べごろ」の判断だけが一般的な感覚とはズレている――。

被害の実態から浮かび上がるのは、非常に奇妙な犯人像だ。

もっとも、推理は可能だった。

そもそも、青い桃をおいしくないと思うのは日本人の感覚なのだ。

東南アジア圏では、タイ料理のソムタム（青パパイヤのサラダ）をはじめ、まだ青い状態の果実を野菜のように調理したり、漬物にしたりして食べる習慣がある。なかでもベトナムの場合、まだ硬い「青い桃」の果肉にチリソルトをつける食べかたが好まれており、むしろ熟れた赤い桃はブヨブヨしていて気持ちが悪いと嫌う人までいるほどだ。

犯人たちの土地勘についても、たとえば現地の複数の農家のこんな証言がある。

「うちの集落の桃農家は、いちばん若い人でも七〇歳代。年寄りだけで袋掛けや収穫の作業は無理だよ。人を雇うしかない。だが、仕事が大変なのに充分な給料を出せるとは限らないから、外国人を雇うことが多くなる」

「外国人労働者は、日本人よりずっと真面目に働いてくれる人もいるし、貴重な労働力ですよ。ただ、今回の被害に遭った地域には、外国人を口コミ経由で集めて、パスポートや在留資格をほとんどチェックせずに短期バイトで働かせていた果樹園もあったんです」

つまり、現場近くの果樹園で過去に技能実習経験があったり、短期バイトとして雇用されたりしたボドイが犯人グループに協力したか、すくなくともベトナム語のフェイスブックグループに情報を書きこむなどしていたとすれば、辺鄙な場所の果樹園ばかりが被害に遭ったことも一応の説明はつくのである。

そこで、私は二〇二二年八月一日刊行の『週刊プレイボーイ』に、取材の結果からの推理としてボドイ犯行説を主張する原稿を寄稿した。

やがて、原稿の発表からわずか十日後に、ボドイであるニャットとトゥアンが逮捕された（翌日に栃木県警によってフォンも逮捕されている）。

伊勢崎市のアパートに拠点を置いていたニャットたちが山梨県とどういう関係があったのかは、捜査が進まない限りは不明な部分が多い。

ただ、「ボドイの犯行」という、最低限の答え合わせはできた形である。

ヤクザかと思ったらマル暴だった

ニャットたちの逮捕によって、マスコミの報道は再び盛り上がった。

窃盗された桃の販路についても、NHK甲府放送局の記者が八月十六日付で発表した『NHK事件記者／取材ｎｏｔｅ』や、九月一日に放送されたTBSの「Nスタ」などが、メルカリでの販売のほかに、首都圏の駅前などで格安の桃を売っているテキヤ的な日本人露天商との関係を疑う説を盛んに報じた。いずれも、テキストサイト『ｎｏｔｅ』で記事が発表されたり番組の公式アカウントがYouTubeに動画を転載したりしたことで、ネット世論も大いに盛り上がった。

だが、これらにはどこか引っかかるものを感じた。

「逮捕の日、尋常じゃない雰囲気の集団が外に大勢いたんですよ。ヤクザの出入りかと思って、警察に通報しようかと思ったら、あの人たちこそ警察だっていうのよ。もうびっくりしちゃった」

八月十六日、私たちがニャットたちのアパートを探すなかで聞き込んだ、新栄町の寿司弁当屋の客だった七〇代の女性の話だ。

彼女のいう「尋常じゃない」一団は、ほどなく私とチー君も目にした。彼らがちょうどアパートの駐車場で捜査をおこなっており、ボドイたちの怪しげな自動車のナンバーを引っぺがしていたのだ。

男たちはいずれも筋肉質だった。しかも、ジムでボディメイクにはげんで作った平和なタイプの身体つきではなく、柔道やラグビーで戦って鍛えたらしき肉団子のような体型の持ち主ばかりだ。なかでもリーダー格の一人は、スキンヘッドにブレスレットと黒Tシャツ。服の背中には散る桜の花びらと、金色の毛筆体で「和」の一文字が描かれている。どう見ても堅気の人間のいでたちではない。

異形の一団の正体は、山梨県警の組織犯罪対策課——。つまり「マル暴」の刑事たちだった。

今回、同県警は笛吹署など複数の署と県警本部の捜査一課など複数の部署を横断した合同捜査班を立ち上げており、組対課がその中心になっていたのだ（私たちが二〇六号室を訪ねたときに出会った刑事は、おそらく組対課とは異なる部署の出身者だったのだろう）。その後、栃木県佐野市の梨窃盗事件との関係から、合同捜査班は栃木県警が加わってさらに拡大したが、山梨県警側が組対課を中心に動いた点はおそらく変わらない。

組対課の姿が目立ったのは、山梨県警がニャットたちの事件について、すくなくとも捜査の初期段階では、ただの外国人犯罪とは考えていなかったからではないか。すくなくとも、組対課の専門分野である日本の暴力団やテキヤと、ボドイとのつながりを追う方針が、捜査の初期段階には存在したように見える。

ＮＨＫやＴＢＳが、ボドイの盗難桃が日本人露天商に流れている可能性を指摘する報道を盛んに繰り返していたのは、事件についての山梨県警の解釈が、記者クラブを経由して直接彼らに流れ込んでいたためだ。テレビ局は基本的に、警察からの情報をほとんど疑わない。

しかし、結論からいえば、この解釈には日本人の常識が入り込みすぎていた。

ベトナム人だけの転売コミュニティ

「仮に盗品を売るとしても、日本人相手には絶対に売らないね。言葉がわからないし、相手が警察に通報しない安全な人間なのか、判断がつかない。リスクしかないじゃん」

そう話すのは、太田市内に住む三〇歳のボドイのカイ（仮名）だ。

彼は本書の第1章ですでに登場した。二〇二〇年の秋、「つくば」ナンバーのヤミ車両のインサイトに私とチー君を乗せて、危なっかしい無免許運転で太田駅まで送ってくれた人物である。

カイはその後も「めんどくさいから」入管に出頭して合法的な在留資格（「特定活動」）を回復しようとはせず、ボドイのまま仕事を見つけ、無免許運転を続けてきた。とはいえ、他に悪いことはしていない真面目な男である。

現在、カイと同棲している恋人も、二〇一七年に広島県から逃亡した元ボドイ（現在は「特定活動」を取得）だ。また、カイの職場はコンビニ弁当のケースを作る工場なのだが、同僚のベトナム人従業員二〇人の半分がボドイで、残り半分は元ボドイである。労働者の斡旋には太田・大泉あたりの日系ブラジル人の派遣会社が噛んでおり、日本人が経営する工場側はどうやら自社で働くベトナム人たちの素性をよくわかっていないらしい。

さておき、カイ本人はいたって真面目な男とはいえ、仕事・恋愛・住居・クルマと日本での人生の一切がボドイ世界の内部で完結している。ゆえに、この界隈の裏事情もよく知っている。

「まず、メルカリの桃は盗品じゃないよ。メルカリは日本語だから使いにくいし、日本のサービスはちゃんとしていそうだから、アシがつきやすいイメージがある。そもそも、ベトナム人はあまりメルカリを使わないんだけど、使う場合があるとすれば、日本人に（合法的な）ものを売りたいときかなあ……」

ベトナム人の情報交換やモノの売買は、フェイスブック経由が圧倒的に多い。言語の壁もあり、メルカリやヤフオクのようなサービスは、日本社会と接点を持っている限られた人間しか使わないのだ（事実、この取材後のことだが、捜査を通じてニャットたちとメルカリ販売者の間に直接のつながりはなかったことが判明している）。

「盗んだ桃ってことだろ？　ネットでさばくなら、勝手がわかるフェイスブック以外の選択肢はない。で、同胞に売る」

すでに何度か書いたように、在日ベトナム人が書き込んでいるボドイ系や転売系のコミュニティはほぼ無法地帯だ。他人名義の通帳や偽造の在留カード、無車検の自動車、マリファナやＭＤＭＡや覚醒剤らしき薬物まで、法的にまずそうな物品の売買情報が日常的に多数書き込まれている。

もちろん、青い桃を一キログラムあたり七五〇〜一〇〇〇円程度で売っている投稿もいくつも見つかる。山梨県のＪＡ職員に確認してもらったところ、すくなくとも写真の一部は、盗難被害があった品種である日川白鳳とみられた。

仮に日川白鳳が、大きくしっかり熟してから正規のルートで出荷されて店頭に並んだ場合、一キログラムあたり（四個ほど）の販売価格は数千円以上になる。転売コミュニティの青い桃が極端に安いのは明らかだ。

そこで七月九日、実際に青い桃を売っているベトナム人のアカウントに、チー君を通じて連絡してみた。すると、なんと雑談に応じてくれる人がいた。

このアカウントの主は高知県に住んでいる三一歳のベトナム人女性だという。

「私が売っているのは盗品じゃないよ」

「農園で働いている友達から買ったの」

「間引いた桃とか、形が悪い桃とか」

あまりにもガードがゆるいので、彼女はおそらく窃盗とは無関係だろう。そもそも、在日ベトナム人たちが取引する「青い桃」は、すべてが盗品というわけではない。

果樹園の桃は掛け袋をかぶせる前に、少数の果実に栄養を集中させるため、「摘果」という間引き作業をおこなう。摘果された未熟な桃は、通常なら廃棄処分になるが、在日ベトナム人のブローカーが果樹園と個別に話をつけて買い取るケースがある。また、果樹園に勤務する技能実習生やボドイに、経営者が好意で摘果桃を分けてくれることもある。

これらの場合、農協の正規のルートを通してはいないものの、法的な問題はない。本来は廃棄品なので、値段が安いのも当たり前だ。

とはいえ、彼女はこんな話もしていた。

「山梨で盗まれた桃は、ここ（転売コミュニティ）で売られたと思うよ。とっくに売り抜けられているんじゃないかな」

「ここではスーパーやドラッグストアで万引きした商品を売っている人がたくさんいるし、畑や果樹園から盗んだ農産物を売る人も当然いるよね。そういえばこのあいだ、うちの近所でブドウが盗まれたんだけど、あれもベトナム人だと思うなあ……」

ベトナム食材店にかかってきた電話

盗まれた桃の販路の候補はもうひとつある。ベトナム食材店だ。

興味を持っていないと気づきにくいが、ここ数年、街では店頭に金星紅旗（ベトナム国旗）を掲げた食材店が急増している。一昔前まで、在日外国人向けのこの手の店はたいてい中国系だったが、近年になり新規開店する店はほとんどがベトナム系だ。

首都圏や関西圏の都市部では、高級住宅街と都心のオフィス街以外ではどこでも見つかる。たとえば私の以前の仕事場と近いＪＲ田端駅から半径約五〇〇メートル以内だけでも、ベトナム食材店が三軒もある。

「うちで売っていた青い桃は、一キログラムで一一〇〇円。山梨県の桃だと聞いたよ」

六月下旬、伊勢崎市内にあるベトナム食材店の店員は、私たちの取材にそう答えた。

彼女もまた、フェイスブックの複数のボドイ系コミュニティに、まだ実が青い大量の日川白鳳の写真をアップして購入を呼びかけていた投稿者の一人だ。なんと投稿文にわざわざ店舗の住所を書いていたので、実際に行って確認してみたのである。

店は今年四月にできたばかりらしい。二歳くらいの子どもが店内で遊んでおり、ベトナム国内さながらのゆるい雰囲気が漂っている。

「青い桃は盗品じゃなくて、別の在日ベトナム人から買い取った。日本人の農家から直接、売っても

Soichiro Koriyama

ベトナム食材店の冷蔵庫。ここ数年、街では店頭にベトナム国旗を掲げたベトナム食材店が急増している。写真は伊勢崎市内の店舗（本文中の店舗とは別）。

らったみたいだよ。売り切れたから、もう置いてないんだけど」

この日は話がこれだけで終わったが、八月に再び同じ店に行ってみると、彼女の夫で店長らしきベトナム人男性がいた。元留学生らしく、日本語はかなり流暢だ。

「ウチの桃は本当に盗品じゃないです。妻と店を出したばかりなのに、変なものは売れませんよ。でも、実は山梨の盗難のニュースが出た直後に、怪しい電話がかかってきたことがあるんです。桃一キログラムをたった三〇〇円で売るって。断りましたけどね」

ベトナム食材店で売られているのは、彼らの母国の調味料やインスタント麵・菓子・冷凍の肉など、どの店も同じような商品ばかりだ。ただ、野菜や果物だけは、店ごとにかなり違っていることがある。

「普通の商品や食肉は問屋から買うので、似たような品揃えになるわけです。でも、野菜や果物は、個人が持ち込むものを買い取ることも多いんですよ。先日の電話を断った理由は、値段が安すぎることが怪しいと思ったからです。一般のベトナム人が営業の電話を掛けてくること自体は、普通によくあります」

たとえば、留学生や会社員といった普通の在日ベトナム人が、自宅ベランダのプランターで栽培したパクチーを売りに来たりする。農家で働く技能実習生が、形が悪くて売り物にならない野菜や果物を持ってきて小遣い稼ぎをすることもある。

なかには、いろいろな方法で複数のルートから調達した農作物をまとめて持ち込んでくる、ほとんど卸業者に近い「個人」も存在する。

こうして仕入れた野菜や果物の出どころを、店舗側が正確に把握することは不可能だ。これは売る側から見れば、仮に盗んだ農作物でも、アシがつかず処分できる販路が存在するということである。

しかもベトナム食材店は、顧客の圧倒的多数がベトナム人だ。たとえ、ある農作物が複数の店舗で安値で大量に売られることがあっても、日本の警察からはなかなかマークされない。

すでに書いた通り、二〇二二年六月以降に山梨県内で盗まれた桃は累積で約一万四四〇〇個だ。膨大な数に思えるが、筆者が中国系のアジア食材業界の関係者に話を聞いてみたところ「販売できる店舗のルートを持っていれば売り尽くせる」という分量感らしい。なお、中国食材店もベトナム食材店と同じく、多くは野菜や果物を仕入れる際に個人の売り込みを受け付けている。

「小玉の桃二〇〜二四個が入る五キロ箱を二〇箱分、三〇店舗に売ればOKな量です。あくまでも中国系の店の話ですが、私の経験上、一〇〇キログラム単位で買い取る食材店はそれなりに存在すると思います。もっと小口で買う店舗は無数にあるでしょう。販路を持っている人なら、外国人コミュニティの内部だけでさばき切れるのではないでしょうか」

しかも、後の捜査で明らかになったところでは、伊勢崎市で逮捕されたニャットたちは、約一万四四〇〇〇個の桃をすべてを盗んだわけではなかった。山梨県で相次いだ桃の窃盗は、おそらく複数の犯人グループがバラバラに盗んだ結果として被害個数が膨れ上がったとみられている。一回の窃盗あたり数百個〜数千個という分量であれば、なおさら在日ベトナム人の社会の内部だけで充分に売り抜けられたはずだ。

いくつものベトナム人集団が相互の連絡なく、フェイスブック転売やベトナム食材店への持ち込みをおこなっていたとすれば、事件の真相解明は相当難しい。

ヤクザは桃を盗まない

いっぽう、盗まれた桃がテキヤ的な路上販売業者に流れたという説——。つまり、ヤクザを含む日本の裏社会と、ボドイの果物窃盗団が接続しているとする仮説をどう考えるべきか。

「ヤクザって、カネになることならなんでもするわけですね。で、昔から彼らのシノギのパターンがふたつある。……まず、できるだけ楽をして、より多くの利益を得られる仕事をする」

私の取材にそう話すのは、暴力団取材を得意とするライターの鈴木智彦だ。

鈴木の代表作のひとつ『サカナとヤクザ』（小学館）は、その題名の通り、日本の裏社会と漁業（密漁ビジネス）の関係を詳述したルポである。漁業と農業の違いこそあれ、第一次産業と裏社会の関係を知るうえでは、彼の意見を聞いておきたい。

「たとえば、鮭。産卵前の鮭は『ほっちゃれ』といって、卵に栄養を全部持っていかれて不味いので、普通は食べません。腹からイクラを抜いたら、身は廃棄するんです。でもヤクザは、捨ててあるほっちゃれを集めて食紅で染め直して売るような商売をやる。仕入れはほとんどタダですから、利益がでかい。楽してカネになるわけです」

ならば果物の窃盗はどうか。

「桃や梨の窃盗なんて、苦労が多いのにお金になりにくいでしょう。そんなことに関係するヤクザって、いたとすれば相当に真面目なヤクザですよ。普通はもっと、楽なことをします」

ヤクザは労働に対して本質的に不真面目であり、額に汗してコツコツと働いたりはしない。そうでなければ、わざわざ堅気の世界を離れてヤクザにはならないのである。

つまり、日本の暴力団が異国のボドイ窃盗団を操って果物を盗ませるといった、苦労が多く発覚のリスクも高い割に利益が薄そうなことは、業界の常識からは想定しにくい。

「ヤクザのシノギのもうひとつのパターンは、覚醒剤の売買とか売春とかの『悪いこと』をやっている人を見つけて、『悪いことと言ったら俺たちの領分じゃないか』と締め上げてみかじめ料を取ることです。でも、ベトナム人の窃盗グループからこの方法でみかじめ料を取るって、普通に考えても大変ですよね。言葉は通じないですし、ベトナムの通貨で支払われても困るし……」

ちなみに、ベトナムと日本の暴力団の関わりはまったくのゼロではない。フロント企業を通じて技能実習制度に食い込む暴力団組織が存在するとみられるからだ。とはいえ、これは日本国家の外国人労働システムに対する寄生であって、ベトナム人の犯罪集団とダイレクトに接続しているわけではない。

在日外国人マフィアと日本の暴力団の関係について、参考になるのは過去の事例だ。二〇〇〇年ごろ、まだ日本で中国マフィアが幅をきかせていた時代の話である。鈴木は言う。

「当時、すごく揉めたんですよ。たとえば歌舞伎町の場合、日本人のヤクザが中国マフィアを拉致して殺して落合の下水処理施設に捨てたり、風林会館の喫茶店でバンバン撃ち合いをやったり。いろいろあった結果、歌舞伎町で中国人マフィアが中国人を相手に仕事をするのは勝手だが、日本人をカモにする場合はヤクザにみかじめ料をよこせ、という形でようやく決着したんです」

積極的に仲良くできる関係でないことは明らかだ。

もちろん、ベトナム難民の二世など、日本語とベトナム語の両方ができる人間が仲介に立つ形が作られたとすれば、日越の裏社会が接続することも可能かもしれない。第4章の群馬の兄貴のように、拘置所で日本人のヤクザと意気投合して友達になるケースもあり得る。

だが、それでも日本の暴力団が、言語と文化の壁を乗り越えてまで「青い桃」の窃盗なんかに深く関与するだろうか。同じ窃盗にしても、貴金属なり自動車なり、もっと儲かりやすそうなものがいくらでもありそうだ。

いっぽう、ボドイの側も日本の暴力団と組む理由はないだろう。

先に書いた販路の話からもわかるように、在日ベトナム人のアングラな経済活動（「ボドイ経済」と呼ぼう）は基本的に日本人や日本社会との接点が薄いのだ。

実のところ、車両はスリランカ人やパキスタン人の中古車業者から、偽造在留カードは中国人の偽造グループから、働き口は日系南米人の派遣会社から——と、彼らは他の外国人とは意外と接点があるのだが、日本人に対しては不信感があるのか、多くは職場だけの関係だ。

彼らの暮らしと商売のエコシステムは、基本的に同胞の内部か、せいぜい他の在日外国人コミュニティとの関わりだけで完結しがちである。

逆に言えば、日本人とまったく関係しなくても構わないほど、いまやボドイ経済の根は北関東の地下社会世界《アンダーグラウンド》に広く深く根を張っている。

仮想通貨への投資

ボドイ経済の実態をもうすこし紹介しておく。伊勢崎での話である。

「工場で一日八時間働いても一万円しか稼げない。でも、投資なら一時間で四、五万円は稼げるよ」

八月二十九日、逮捕されたトゥアンたちのアパートを再取材した後で、元技能実習生（現在は在留資格を特定技能に切り替え済み）のベトナム人女性の自宅に行き、こういう会話になったのだ。彼女は私たちの数年来のネタ元の一人で、前著『「低度」外国人材』にも「マイ」という名前で何度か登場している。ただ、家を訪ねるのは初めてだった。

マイは二〇代後半で、技能実習生になる人材としてはめずらしく大卒である。聞いてみると、当初は高度人材向けの「技人国」（技術・人文知識・国際業務）の在留資格を取得して来日するつもりだったのが、間違えて技能実習生になり、伊勢崎市の惣菜工場でほとんど最低賃金で働く羽目になったという。

とはいえ、マイは目端がきくタイプだった。技能実習生は副業が禁止されているが、そんなルールは気にせず、友達と組んでネット上で服を売りはじめた。私は前著で彼女の副業について「オンラインショップ」と書いたが、実際はフェイスブックの在日ベトナム人コミュニティの中で、生配信の動画を通じて商品をPRして販売するライブコマースをおこなっていたらしい。

「買いたい人は、フェイスブックのメッセージで私に問い合わせる方式。で、銀行振り込みでお金を払う。お客さんがボドイだったときは、銀行口座を持っていないから、彼らは他の人の口座を借りるか、フェイスブックで調達するかしていたよ」

現在、マイは技能実習生寮を引き払って別のアパートの部屋を借り、合法的な在留資格を持つ友達と、その友達の彼氏（ボドイである）と三人で暮らしている。２ＤＫの物件で、彼女と、友人カップルとでそれぞれ一部屋ずつを私室にする形だ。

彼女のアパートを訪ねて驚いたのは、部屋に「机」と「本」があったことだった。ボドイや技能実習生の家で書籍を見たのは、私たちの過去数年の取材を通じて初めてである。

机は中古で買ったらしく、私が小学生時代に使っていたような、やけにマットな感じの昭和的な学習机だった。机の上の本棚には、アメリカの投資家ウォーレン・バフェットの著書や、『説得力のある話しかた』『考えれば成功する』といった意識の高いタイトルのビジネス書や自己啓発書が並ぶ。いずれもベトナム語だ。

「ライブコマースがあまりうまくいかなかったから、勉強して、お金を調達してからビットコイン投資をやった。まだ技能実習生だった二〇二一年十二月にはじめたよ。今年の八月頭に大負けして四五〇万円やられたけど、それから半分取り返した。今日も一三万円稼いだ」

彼女は工場で勤務している時間以外は、私たちとの会話中も常にスマホの画面から目を離さない。アメリカ市場のビットコインのチャートを見続けているのだ。

取引にあたってはベトナム・ドンよりも、国際通貨として決済がしやすい日本円のほうが便利である。ゆえに、彼女は日本円のキャッシュが必要だ。

原資は地下銀行ビジネス

マイの「投資」の資金調達源は、彼女がひそかに手掛けている地下銀行ビジネスだった。

ベトナム人の地下銀行についてはすこし説明が必要だろう。

日本で働くベトナム人労働者たちは、稼いだカネを本国に仕送りしなくてはならない。だが、一般の銀行を通じた正規の海外送金サービスは、マネーロンダリングを防止する目的から、送金希望者のパスポートやビザ、在留カードなどが厳しくチェックされる。当然、身元不安定なボドイとは非常に相性が悪い。また、送金一回あたり数千円以上の手数料が必要となり、為替レートも公定レートより悪いのに窓口では日本語しか通じないため、合法的に日本にいる技能実習生や偽装留学生たちからも評判がよくない。

そこで出番となるのが、マイのような在日ベトナム人が手掛ける地下銀行だ。

話をわかりやすくするため、地下銀行の運営者をA、利用者のボドイをBに置き換えて述べよう。両者はどちらも在日ベトナム人だが、Aはベトナム国内にまとまった金額の、ドン立ての銀行預金を持つ立場である。

送金の流れはこうだ。まず、本国の親族に五〇万円を送りたいボドイBが、地下銀行運営者Aに日本円を渡し、ベトナム国内の一般の銀行口座を指定する。

すると、Aはオンライン決済なり、現地にいる協力者を使うなりの方法で、ベトナム国内の自分たちの銀行口座から、五〇万円相当の金額のドンを、Bが指定した口座に振り込んであげるのである。銀行法に抵触する危ない行為だが、シンプルな方法であることも確かだ。

通常、為替レートは利用者側に有利な円高ドン安となる(たとえば公定レートが一円＝一六五ドンであれば、地下銀行は一円＝一六八ドンくらいのレートで送金してくれる)。手数料も格安か、もしくは不要だ。しかもすべて母語で話が進むので、ボドイや技能実習生としては多少のリスクに目をつむってでも利用する価値がある。

また、もうすこし大規模な話では、ボドイを従業員として雇う在日ベトナム人の会社にとっても地下銀行はありがたい。給料を払うときに、地下銀行を経由して相手のベトナム国内の口座に直接振り込んでしまえば、日本国内でボドイを雇用した証拠が残らないからだ。各種の脱税もおこないやすくなる。

地下銀行が「良心的」なレートで、しかもほとんど手数料を取らずに送金をおこなう理由は、在日ベトナム人社会に日本円の強い需要があるからだ。

たとえば日本国内で営業するベトナム料理店や食材店は、日本国内で新規開店や改装をおこなうときの決済にまとまった金額の日本円が必要になる。地下銀行業者としては、彼らに日本円を貸し付けて利子を取るほうが、ボドイの少額の送金からわずかな利益を得るよりも、はるかに確実に儲けられる。

他に近年増えているのが、地下銀行ビジネスでかき集めた日本円をタネ銭にして、仮想通貨に投資するパターンだ。もちろんマイもその一人である。

ネットで「ベトナム人　地下銀行」で検索すると、日本国内でベトナム人業者が摘発されたニュースが大量に引っかかる。報道は二〇一〇年代中盤から見つかるが、特にここ数年で大幅に増えた。二〇二二年八月二十日には、仮想通貨の運用を目的に地下銀行を営んで十数億円以上を預かってきた銀行法違反容疑で、宇都宮市在住の在日ベトナム人夫婦ら三人が逮捕されている。

「私はビットコイン投資のほかに、ベトナム国内の不動産売買も並行してやってる。将来はベトナムにいる弟分と美容エステを経営したいと思うんだ。あとは食品加工。ベトナムは食の安全と衛生についての意識が弱いから、しっかりやればビジネスチャンスがあると思う。日本でちゃんと貯め込まなきゃ」

マイはそう話す。

ちなみに、彼女は来日から三年以上経っているにもかかわらず、日本語がほぼできない。本棚を見ても、日本語学習に関係する初級のテキストや辞書などは皆無だ。他の技能実習生のように机に向かう勉強が苦手だからではなく、日本語の学習は時間の無駄だと判断して意識的に切り捨てたのだろう。マイにとって、最低賃金水準で働いていた技能実習や、現在おこなっている日給一万円の工場労働は、おそらく「仕事」という位置づけではない。日本に合法的な在留資格で滞在するためにやむを得ず負担している、時間的・肉体的なコストである。

マイは日本国内で暮らし、常に日本円を求めているが、顔はボドイ経済と母国の方向を向いている。日本社会を相手に積極的にビジネスをおこなったり、日本人と深く付き合ったりしようという考えはまったくない。

こうした意識はマイに限った話ではなく、無免許運転ボドイのカイを含めたボドイ経済に連なる人たち全体に、ある程度までは一貫して見られる傾向のように思える。

桃窃盗事件の先行き

話題を山梨県の桃の話に戻そう。

マスコミやネット世論の見立てとは異なり、この事件と日本の裏社会とのつながりは存在しない。ボドイは自分たちが食べたいもの、自分たちの同胞の市場で売れるものを盗んでいるだけで、面倒な思いをしてまで日本人の社会と深い関係を築きたいとは考えていないからだ。

いっぽう、私が今回の事件全体から感じたのは、二〇二〇年の秋に起きた「群馬の兄貴」事件との類似性だった。

盗む対象がブタか果物かの違いはあるものの、現代の日本社会ではあまり見られない、第一次産業をターゲットにした窃盗。そのことを面白がったワイドショーやネット世論の話題沸騰。そんな世論の盛り上がりに応じるべく、鳴り物入りで開始された警察の大規模捜査——。

捕まった容疑者が窃盗容疑を多少なりとも認めたか否かの違いはある。ただ、警察やメディアがボドイの論理をほとんど理解しておらず、事件の動機や容疑者の性質をつかみ切れないまま、巨大な犯罪組織の存在を勝手にイメージして大騒ぎした構図は、両事件ともによく似ている。

しかしそれゆえに、今回の桃の大量窃盗事件もまた、やがて全容解明とはほど遠い尻すぼみの幕引きを迎えるのではないか。「群馬の兄貴」事件の顚末から考える限り、私の想像はそれほど外れないはずである。

在日ベトナム人たちの先輩格である在日中国人の犯罪は、いまや日本の警察にも対策のノウハウや情報がある程度は蓄積されるようになった。だが、ボドイは二〇一〇年代の後半以降に規模が拡大し、さらにコロナ禍のなかで深刻度が急速に増した、非常に新しい問題だ。

——警察、マスコミ、世論。

ボドイとどう向き合うべきかについて、日本の社会はまだまだ混乱が続いている。

おわりに

桜がまだ咲いていた、二〇二二年のある春の夜である。
大阪を訪れていた私とチー君と郡山総一郎は、御堂筋線動物園前駅の二番出口から南に伸びる飛田本通り商店街を歩いていた。

ここをまっすぐ進めば、関西人なら誰もが知る旧遊郭の飛田新地が広がっている。だが、私たちの行き先はそちらではなく、西成区にあるこの街自体だった。

老朽化が進み、いちどはシャッター街になりかけた古い商店街に、二〇一〇年代末ごろから中国人経営のカラオケ居酒屋が数多く入居するようになった。それを取材したかったのだ。

中国系カラオケ居酒屋は、四〇〜五〇代のちょっと婀娜《あだ》っぽい中国人のママと、二〇代の女性従業員数人がカウンター内にいる飲み屋だ。客は安酒と軽食を楽しみつつ、一曲一〇〇円でカラオケを歌う。ガールズバーほどキャピキャピしていないが、スナックほど女性との距離が近くはなく、なにより安い。一昔前のこの手の店舗は、隣接するあいりん地区から飲みにくる日雇い労働者や生活保護受給者が多かったが、近年は街の様子が変わり、わざわざ西成区外から遊びにくる若いサラリーマンの姿も目立つようになった。

いっぽう、すこしでも儲かるとなれば大量の業者が同業種に参入するのが中国人の商売である。二〇二〇年以降は、コロナ禍のなかで飲食店の補助金受給の方法が広く知られたこともあり、いっそう店舗が増えた。いまやこの界隈の中国系カラオケ居酒屋の店舗数は一〇〇店以上に達し、明らかに過当競争に陥りつつあるが、とはいえ面白い光景が広がっていることは確かである。

カラオケ居酒屋街の中心は、飛田本通商店街と飛田本通南商店街、今池本通り商店会がぶつかる三叉路の周辺だ。しかし、動物園前駅から見てこれらより手前、かつての南海電鉄の支線の跡だという山王みどり公園のそばの、東に入った路地にも多少の店舗が点在している。

そちらに足を向けると、いちばん奥まった場所にある店から大勢の若者の歓声が聞こえた。外にいた女性店員が「イラッシャイマセ」と片言の日本語で挨拶してきたが、私が見たところ中国人ではなさそうだった。すぐにピンとくる。

「みんな、ベトナム人です」

案の定である。彼女に事情を聞くと、店内で盛り上がっていた十人ほどの若者たちも含めて、みんなベトナム人だった――。

ボドイは北関東から大阪を目指す

「全員、近くの建設現場で働いてるんだ」

チー君の通訳を介してそう答えたのは、酒盛り中だった二五歳の男だ。本人いわく「ハノイから三〇〇キロぐらい」離れた村の出身で、二〇一七年末ごろに来日。日本のどこかの現場で一年間ほど技能実習をおこなっていたが、例によって給料が安かったので逃亡した。それから三年ほどボドイとして暮らし、やがて大阪に流れ着いたという。

酒の勢いもあってか、他の若者たちも人懐っこく、話しかけるとどんどん身の上を明かしてくれた。ゲアン省出身の別の青年とも仲良くなる。

「俺は実習先を逃げてから、しばらく太田で暮らしていたよ。えっ、アンタ、『群馬の兄貴』に会ったことがあるのか？　すげえな、驚いたぜ！」

彼が群馬県太田市から西成に流れてきた理由は「おもしろいから」だった。

ボドイたちは日本全国の技能実習先を逃亡してから、とりあえず同胞が多い群馬県の太田市・伊勢崎市や茨城県の鉾田市、もしくは名古屋市の郊外あたりに向かう。フェイスブック上の逃亡ブローカーを介することが多いので、ブローカーたちの息のかかった場所に行くのである。

だが、刺激のすくなさに辟易してか、やがて大阪にやってくる人がすくなくない。在留資格を「特定活動」に切り替え、ひとまず合法的に暮らせる立場になった人であればなおさらだ。

大阪市内で暮らすベトナム人は二〇二一年末時点で一万九一二六人で、最近一〇年で二〇倍増という驚異的な増加を示している（ボドイは転居届を出さないので、実際のベトナム人数はもっと多い）。なかでも急増しているのが西成区と生野区だ。

大阪は東京と比べて警察官の人数が少なく、いわゆるドヤ街や旧遊郭周辺などでは職務質問もうるさくない。しかも首都圏と比べると街の雰囲気や人々の気質が他のアジア諸国と近いうえ、古くから在日コリアンや在日中国人が多く暮らしていることもありベトナム人でも街に馴染みやすい。いっぽう、大都市なので仕事に困ることはなく、遊び歩く先も多い。なのに生活費は安い。

ゆえに、日本の暮らしに慣れたボドイは北関東から大阪を目指す。

Soichiro Koriyama

大阪市西成区のカラオケ居酒屋で盛り上がるベトナム人の男女。写真の右の一団が客で、マイクを握る左の女性は店員なのだが……。いずれもボドイに近い人たちだ。そこには彼らの青春があった。

私たちが訪れた店と隣のもう一店舗は、留学生上がりの苦労人である三八歳のベトナム人店長が切り盛りしていた。物件のオーナーは中国人で、従業員はベトナム人とタイ人という異文化空間だ。

この日は動物園前通りに近いほうの店舗が日本人向け、私たちが入店したもう一店舗がベトナム人向けになっており、若者たちは同胞ばかりの空間で気兼ねなく楽しんでいた。

「私もボドイだったんだよ」

従業員の二五歳の女の子もそう言った。彼女はホーチミンの東にあるドンナイ省から来日後、奈良県の牧場で牛の乳搾りに従事していたが二年後に逃亡。一年間ボドイとして潜伏してから入管に出頭し、在留資格を特定活動に切り替えてもらったという。さらにもうひとりの女の子も元技能実習生だった。

驚いたことに、この店は宴会を開いている人たちのみならず、彼らを接客する従業員たちも大部分がボドイかそれに近い人たちなのだ。

「ねえ、歌って！　なんでもいいから」

みんな若いのでノリがいい。私にもマイクが回ってきた。

店長に意見を聞くと、中島みゆきの「ルージュ」がいいという。

確かに「ルージュ」はよさそうだ。

アジア規模で見た場合のこの曲は、中華圏を代表する歌姫だった王菲《ワンフェイ》（フェイ・ウォン）が一九九〇年代前半にカバーした中国語版（広東語と普通話）の「容易受傷的女人《ロンイーショウシャンダニュイレン》」（傷つきやすい女）が、日本語のオリジナルよりもずっと広く知られている。さらに一九九四年にはベトナムの国民的歌手のニュー・クイン（Như Quỳnh）が「冬の恋人」という題名でカバーし、こちらも大ヒットした。

王菲のカバーは曲調が原曲に近く侘び寂びを感じさせるが、ニュー・クイン版はベトナム・ポップスらしい南国的なほんわかしたアレンジが加えられており、日本人の耳にはちょっと違和感がある。とはいえ、ベトナムでは誰もが知る曲であることは間違いない。

「ルージュ」をリクエストすると、全員でベトナム語の大合唱とダンスがはじまった。

——Đường vào tim em ôi băng giá Trời mùa đông mây vẫn hay đi về vẫn mưa《くちをきくのがうまくなりまあしたあ》。

ベトナムの蒸留酒ネップ・モイをぐびぐびとラッパ飲みし、調子外れの音程で声を張り上げる。ボドイの男女はいつまでも歌って踊り続けていた。

出国前の多額の借金、日本での低賃金の重労働、脱走と地下生活——。だが、大阪はボドイにとって夢多きフロンティアだ。西成の街に潜り込んで仲間を見つければ、それなりに面白い日々がある。

彼らは異国日本の路地裏で、そんな青春を送っていた。

Soichiro Koriyama

ボドイたちの大先輩ともいえる、中国福建省から来た「西成の不動産王」林傳龍。四半世紀前に来日し、日雇い労働者からスタートして、華人向け不動産業と建設業で財をなした。カラオケ居酒屋をいち早くはじめた人物のひとりでもある。

ボドイの先輩、福建人の回顧

「わしはな、福建省で建設の専門学校を卒業してから、西成に来たんだ。最初は日雇い労働者だった」

二日後、私は西成の商店街の一角にあるオフィスで、壮年の中国人と向かい合っていた。彼の名は林傳龍《リンチユアンロン》。この界隈を拠点に華人向けの不動産業と建設業で財をなした男で、中国系カラオケ居酒屋の店舗展開を最も早期に仕掛けた人物のひとりでもある。

もっとも、中国を離れて長いうえ、熱心な仏教徒で一日に四時間の読経と座禅を日課にしているせいか、やり手の実業家というよりも田舎の寺の住職みたいな雰囲気の人物だった。五七歳のわりには老けた印象で、日本語をあまり話せず、中国語も口調がゆっくりしていて土臭い。

彼は中国福建省福清市の出身である。

かつて、福清市は対日密航が非常に盛んな地域として知られていた。一九八〇〜九〇年代には命がけでコンテナ船に乗って北九州沖までやってきたり、華人系のインドシナ難民を偽装してみたりと、福清出身者たちはあらゆる手段で日本を目指した（ちなみに隣接する長楽市は、同じく対米密航で有名だった）。かつて外国人犯罪関連のニュースでしばしば名前が登場した福建幇（福建マフィア）も、地縁で結びついたグループがなりふり構わずカネ儲けをおこなうなかで犯罪にはしった一団だった。

四半世紀前の福建人たちは、いわば現代のボドイたちの先輩格なのである。

往年の林傳龍にしても、かつて日本のＧＤＰがまだ中国の約四・五倍もあった一九九七年、なんらかの方法で日本にやってきて、西成の街に流れ着いた福建人のひとりだった。

そして、ろくに日本語もできないまま、阪神淡路大震災の復興需要に沸く建設現場で労働者として働きはじめた。

「しばらく経ってから、西成の街でラーメン屋をはじめた。けれど、朝から晩まで働いても生活はギリギリだったから、五〜六年後に居酒屋に業態を変えた。カラオケが歌えて、お酒を飲めるタイプのやつだ。あの当時は生活保護受給者のお客さんが多かったなあ……」

彼がラーメン屋をはじめた当時、商店街の近くにある中国系の店は、日本人と結婚した上海人が経営する店舗が一店あるだけだった。

「やがて、たまたま売りに出ていた空き店舗があった。だから、わしが買った。数年の賃料で店舗の購入費はペイできるようだったから、他にもこの商店街で空き店舗を買って人に貸す商売をやれば、いけるのではないかと思ったのだ」

こうして、ゼロ年代なかばごろから中国系のカラオケ居酒屋が生まれはじめた。

「二店舗、三店舗……と物件をすこしずつ増やしていってな。様子がゆるゆると変わっていった。いまは二〇店舗ほどをうちが管理している。他の中国系の店舗については、よその業者だがね」

とはいえ、現在の西成にある他の中国系の不動産業者も、彼と同郷や親戚の人だったりする。ちなみに私たちが二日前に訪れたベトナム人たちの店も、オーナーは福建人だった。

「二〇一八年ごろから建設業に進出した。それまでにもカラオケ居酒屋の店舗内装は請け負ってきたし、わし自身、むかしは建設をやっていたからお手のものだな。店舗が増えると地価も上がった。むかしは一坪一〇万円くらいだった商店街の地価が、いまは立地の悪い場所でも坪三〇〜四〇万円。いい場所は坪一〇〇万円くらいのところもある。コロナ禍が起きてからも地価は下がっていないよ」

数年前、中国系の店が増えたからと「大阪華商会」という一般社団法人を作り、中国駐大阪総領事館や維新系の地元政治家の協力を得て大阪中華街構想をぶち上げたものの、地域住民への根回しを欠いたことで頓挫した。福建人はなによりも商売第一でイデオロギーに無関心な人が多く、日本人の反中国感情を考慮するような政治的なセンスは欠けていたのである。

とはいえ林傳龍は、一介の日雇い労働者から西成の不動産王、ひいては大阪の福建人社会のリーダーにまでのぼりつめた男だった。もしかすると、二日前の夜に私たちが出会ったご機嫌なボドイの一団からも、数十年後に同じような出世を遂げる人物が出るかもしれない。

不法滞在、不法就労、無免許運転、違法な車両入手、ひき逃げ死亡事故、賭博、拉致、家畜や果物の窃盗、薬物濫用、売春、殺人、常磐線の軌道内に自動車で突撃、地下銀行の運営――。

本書をあらためて読み返すと、ボドイたちの行動はつくづくろくでもない。なにより、こんな人たちに延々と密着し続けた私についても、どうかしていると感じた読者は多かったのではないか。

とはいえ、私にはそうする理由があった。

いまやボドイたちは北関東を中心に、日本の地下社会《アンダーグラウンド》に強く根を張る存在になっている。しかし、そんな彼らを「悪い人たち」や「かわいそうな人たち」といったわかりやすい言葉でまとめてしまうと、多くのものを取りこぼす。彼らを捜査するにせよ報道するにせよ支援するにせよ、偏った理解は日本社会のさらなる迷走を生む。

ボドイほど、日本人からの紋切り型の解釈を受け付けないナンセンスな人たちはいない。私はその事実を疎漏なく述べるために、彼らをここまで取材して本書を書かなくてはいけなかった。

念のために言っておけば、日本の社会でボドイが生まれて問題を重ねているのは、彼らの「ベトナム人」という民族性や国民性が主たる要因ではない。なぜなら、ボドイ的な人たちはベトナム人に限らず存在するからだ。

かつて出稼ぎ中国人が日本の労働現場にたくさんいた時代には、技能実習先を逃亡する行為は「跑《パオ》黒《ヘイ》」、逃亡後の中国版ボドイは「黒工《ヘイゴン》」と呼ばれていた。往年の日本を騒がせていた在日中国人関連のトラブルは、もはや書くまでもないだろう。

いっぽう現代の場合、技能実習生の受け入れ人数が第三位であるインドネシアからの労働者にも、やはり逃亡を選ぶ人たちがいる。

複数の在日インドネシア人に聞き込んだところ、彼らの同胞のなかでボドイに相当する人たちは「OS《オーエス》」（オーバーステイの略）と呼ばれ、茨城県の大洗町《おおあらい》などに多いという。そして、やはりOSの世界にも「茨城の兄貴」と呼ばれる顔役がおり、仲介手数料をピンハネしつつ仕事や住処を斡旋しているそうだ。

インドネシア人は大部分がイスラム教徒なので、数十人で酒盛りをしたり賭場を開帳したりする例はベトナム人ほど多くない（もちろん、盗んだブタを河川敷で丸焼きにしたりもしない。戒律で豚肉食が禁じられているからだ）。

とはいえ、ショート動画投稿サイトのTikTokでインドネシア語の「jepang」（日本）や「kens-hushei」（研修生＝技能実習生）と、賭博や犯罪を意味する単語を組み合わせて動画を検索してみると、一万円札を何枚も使ってギャンブルをやっていたり、無免許運転で自動車を乗り回していたりと、ベトナム人のボドイと変わらない行動をとる在日インドネシア人の若者の姿を確認できる。

また、在日カンボジア人についても、ボドイ的な人を指す「ルオッ・ケエッ・クルオン」（អ្នកដែលរត់គេចខ្លួន：逃亡者）という言葉がある。こちらは詳細不明だが、やはりTikTokにクメール語の単語を打ち込んで検索してみると、ベトナム人のボドイと同じように大規模な宴会やギャンブルをおこなっている人たちがいる。

OSやルオッ・ケエッ・クルオンの問題が、現時点であまり表面化していないのは、単に在日インドネシア人が在日ベトナム人の約七分の一程度で（二〇二一年末で約六・六万人）、在日カンボジア人はさらに少数しかおらず、ボドイと比べて母数が絶対的にすくないからでしかない。

あと一五年で「ボドイ」は消える

ボドイ的な外国人が生まれる背景には、日本の矛盾多き外国人労働制度がある。

今世紀に入ってからの日本政府は、国内の労働人口が減少し続けるなかで、産業現場の現実的な問題に対処するためローコストの非熟練労働者を大量に調達する必要に迫られてきた。「移民社会化」を嫌がる世論をなだめすかしつつ、発展途上国から人を連れてきて低賃金で働かせる技能実習制度のような仕組みも、そのなかで構築された。

いっぽう、日本経済はほぼ成長しないが、多くの発展途上国の経済はちゃんと成長する。ゆえに労働力の供給元である各国は、国内の貧しい若者が大量に日本に出稼ぎに向かうフェイズと、やがて国が豊かになってこの仕組みから「卒業」するフェイズをそれぞれ通過していくことになる。

かつて中国がいた場所に、いまやベトナムがやってきたことはすでに何度も書いた。今後、いつかベトナムが卒業する時代が来れば、次はインドネシアやカンボジア、もしくはミャンマーやネパールあたりが舞台の中心に立つ。円安が進行した場合、主人公が交替する速度はより早まるだろう。

ゆえに、実はボドイ問題は非常に簡単な解決方法が存在している。

これから長くても一五年ほど、何もしないで待っているだけでいいのだ。そうすればベトナムと日本の経済格差が縮小し、ボドイは日本社会から消える。往年の在日中国人の不法滞在者やマフィアが、いつの間にかほとんどいなくなったのと同じ現象が起きるのだ。

もっとも、仮にボドイが姿を消したところで、かわりにＯＳやルオッ・ケエッ・クルオンが増え、同じような問題を起こしていく。日本の労働現場が現在の形をとっている限り、ボドイのような外国人たちは常に生まれ続ける。日本人の人口減少が進むことを考えれば、むしろ彼らの規模は今後いっそう拡大を続けていくはずだ。

いま、北関東の「移民」地下社会《アンダーグラウンド》から見えている景色は、将来の日本の姿である。

二〇二三年正月　安田峰俊

本書は書き下しです

安田峰俊（やすだ みねとし）

1982年、滋賀県生まれ。広島大学大学院文学研究科博士課程前期修了（中国近現代史）。ルポライター。立命館大学人文科学研究所客員協力研究員。中国およびアジア世界を主なフィールドとし、『八九六四「天安門事件」は再び起きるか』（KADOKAWA）が第5回城山三郎賞と第50回大宅壮一ノンフィクション賞、『「低度」外国人材 移民焼き畑国家、日本』（同）が第5回及川眠子賞をそれぞれ受賞。他の著書に『現代中国の秘密結社』（中公新書ラクレ）など。

北《きた》関《かん》東《とう》「移《い》民《みん》」アンダーグラウンド
ベトナム人《じん》不《ふ》法《ほう》滞《たい》在《ざい》者《しゃ》たちの青《せい》春《しゅん》と犯《はん》罪《ざい》

2023年2月10日　第1刷発行

著　者　安《やす》田《だ》峰《みね》俊《とし》
発行者　大松芳男
発行所　株式会社　文藝春秋
〒102―8008　東京都千代田区紀尾井町三―二三
☎〇三―三二六五―一二一一（代表）

印刷所　理想社
付物印刷所　大日本印刷
製本所　大日本印刷

定価はカバーに表示してあります。
万一、落丁・乱丁の場合は小社製作部宛お送り下さい。
送料小社負担でお取替え致します。

ISBN 978-4-16-391645-3